丹麦刑事法典

The Principal Danish Criminal Acts

第三版

Malene Frese Jensen , Vagn Greve,
Gitte Høyer & Martin Spencer

[丹麦] 梅兰妮·弗里斯·詹森 汪·格雷沃
吉特·霍耶 马丁·斯宾塞 编

魏汉涛 译 齐文远 审校

WUHAN UNIVERSITY PRESS
武汉大学出版社

图书在版编目(CIP)数据

丹麦刑事法典(第三版)/(丹麦)梅兰妮·弗里斯·詹森等编;魏汉涛译;齐文远审校. —武汉:武汉大学出版社,2011.5
ISBN 978-7-307-08639-5

Ⅰ.丹… Ⅱ.①詹…[等] ②魏… ③齐… Ⅲ.刑法—法典—丹麦 Ⅳ.D953.44

中国版本图书馆 CIP 数据核字(2011)第 049049 号

责任编辑:钱 静　　责任校对:黄添生　　版式设计:马 佳

出版发行:**武汉大学出版社**　(430072 武昌 珞珈山)
(电子邮件:cbs22@whu.edu.cn 网址:www.wdp.com.cn)
印刷:湖北金海印务有限公司
开本:720×1000 1/16　印张:13　字数:183 千字　插页:1
版次:2011 年 5 月第 1 版　2011 年 5 月第 1 次印刷
ISBN 978-7-307-08639-5/D·1076　定价:26.00 元

The translation of this book is funded by S. C. Van Fonden

此书的翻译由大龙基金会资助

目录

矫 治 法

司法行政法（节选）

丹麦刑法之特色

（代译序）

丹麦之所以成为世界上幸福感指数最高的国家之一，其法律制度与刑事政策不乏贡献。同时，丹麦是欧盟成员国，也是北欧（斯堪的纳维亚）的主要成员国，① 属于大陆法系国家，丹麦与北欧其他国家刑法的相似性，使我们可以透过丹麦刑法，了解北欧其他国家的刑法。

一、刑法理念变迁及启示

丹麦历史上一共出现过三部刑法典，分别是1683年刑法典（该刑法包含在《丹麦法》之中）、1866年刑法典和1930年刑法典，1930年刑法是现行刑法。刑法理念是刑事立法、刑事司法背后的深层根据，深入剖析丹麦刑法的发展历程，可以揭示主观主义与客观主义两种刑法理念的发展历程，进而启示我们当前应该采取的立场。

1866年刑法是丹麦第一部现代型的刑法，以一般预防理念为基础，客观主义色彩极浓。19世纪中期，法治理念处于支配地位，要求对公民权利的剥夺必须建立在法律明确授权的基础之上。基于

① 斯堪的纳维亚（北欧）由丹麦、挪威、瑞典、芬兰和冰岛五国组成，其法律传统基本相同。正如约翰逊·安徒生所言：“总体上来看，斯堪的纳维亚国家遵循大陆法系传统，但他们的法律体制有自己的显著特色。具体而言，北欧国家的法律存在许多差异，但我认为，各国法律的相同之处如此之多，一个外国人很容易就可看出他们属于同一法律家庭。” See Andense, *The Legal Framework*, in Scandinavian Studies in Criminology 1968, Vol. 2, Universitetsforlaget, Oslo, pp. 9-17.

这种理念，1866年刑法确立了罪刑法定原则，防止罪刑擅断。同时，该刑法突出强调犯罪的客观危害及犯罪的客观因素，如犯罪的严重性、造成的损害，这些是配置和裁量刑罚的基础。该刑法中没有根据犯罪人的不同进行犯罪分类，原则上老年人与年轻人、偶然性犯罪人与习惯性犯罪人同样处罚，法官的自由裁量权较小。

1930年刑法部分保留了一般预防理论，以特殊预防为基础，着力于犯罪人的更生改造，主观主义色彩极浓。"19世纪末，法治观念逐渐被福利国家观念所取代。福利国家观念不是优先保护个人，而是优先保护社会；不是把市民看成独立、有见识的个体，而是需要适当引导的个体，不管愿意还是不愿意。"① 在刑法领域，"治疗哲学"被李斯特及当时的大多数刑法学家所接受。在这种背景下，特殊预防成为1930年刑法的基本思想。与1866年刑法相比，1930年刑法有两个重要变化：一是加宽了法定刑的幅度，使法院在判决时的自由裁量权显著增大，以便法官有更大的余地针对改造不同犯罪人的需要适用轻重不同的刑罚；二是极大地丰富了处罚措施的类型，以便法院可以针对犯罪人的性格和社会背景选择最适当的处罚措施。另外，1930年刑法在保留罪刑法定原则的同时，还将这一原则的适用范围扩大到了特殊刑法领域。

具体而言，1930年刑法处罚措施的变化表现在以下几个方面：第一，废除了死刑。1866年刑法制定以后，实践中只执行了4例死刑，最后一例普通死刑的执行是1892年，以后就再没执行过普通死刑("二战"期间，丹麦被德国占领，在占领期间德国在丹麦执行过死刑)。为使理论与实践保持一致，1930年刑法废除了死刑。第二，各种监禁刑可以归纳为两类，其一是普通监禁，又可以复分为两种：确定期限监禁（30天到16年）和终身监禁；其二是宽容监禁（简化监禁），期限从7天到2年。第三，重新制定了适

① Vagn Greve & Annika Snare, *Ideologies and Realities in Prison Law: Some Trends*, In: Peter Wahlgren (eds), *Criminal Law*, Published under the Auspices of The Stockholm University Law Faculty, 2008, pp. 308-309.

用于精神病的处置措施。考虑到精神病人与没有责任能力人不适合适用普通监禁，1930年刑法授权法院将精神病人送到精神病医院、特殊的精神病拘留所。第四，制定了适用于精神正常人的新措施，包括劳动救济所和预防性羁押。前者适用于习惯性的犯罪人，如职业扒手，目的在于帮助他们从越来越严重的恶性循环中解脱出来。在劳动救济所的时间不确定，最低1年，最多5年，具体释放时间由监禁委员会根据收容人的具体情况确定。预防性羁押适用于恶劣且顽固不化的犯罪人，如危险的职业罪犯、累犯，对这些罪犯适用普通刑罚显得不充分，需要采取特殊措施。预防性羁押的目的在于保护社会。这种处理措施的期限也是不确定的，如果犯罪人以前在预防性羁押所收容过，那么再次收容，期限最低4年，最高8年。第五，针对青少年犯罪人（15～21周岁）采取特殊监禁。这种措施相当于英国的青少年教养院，强调教育和治疗，意图通过施加持续的影响，鼓励青少年犯摆脱犯罪生涯。第六，缓刑的适用。1930年刑法扩大了缓刑的适用，目的在于避免监禁刑的负面效果，以便犯罪人有更多机会过诚实人的生活。第七，罚金刑的变化。从1939年开始，引入日罚金制。① 这些变化表明，丹麦1930年刑法受当时盛行的特殊预防理念影响较大，主观主义在当时处于突出地位。

20世纪60年代和70年代早期，世界范围内对特殊预防的怀疑日益增强，特别是不定期刑受到了广泛的争论和批判，在北欧，“治疗哲学”被新古典主义所取代。1972年，在丹麦，一个关于不定期刑的评估报告（称为第17评估）发表了，该报告得出了不定期刑没有更生改造效果的结论。② 部分基于这一评估结论，丹麦刑法委员会建议，大多数特殊措施不应再继续使用，并且安全监护也应实质性地减少。丹麦国会很大程度上采纳了该委员会的建议，并

① Lars Bo Langsted, Vagn Greve, Peter Garde, *Criminal Law*, 2nd. edition, DJØF Publishing 2004, pp. 26-27.

② Christiansen KO, Moe M, Senholt L, *The Effectiveness of Special Detention*, Betænkning nr. 1972, p. 644.

于1973年废除了绝大多数特殊预防措施，现在丹麦没有青少年教养院、劳动救济所、针对精神病的特殊机构。对精神病人和没有责任能力人进行处置的适用条件也变得更为严格。20世纪70年代和80年代，对特殊预防的质疑继续发展，特别是对长期监禁刑是否一种有效的措施产生了质疑，不少学者认为使用短期监禁可以达到长期监禁的效果。于是，监禁刑的期限明显降低。

20世纪90年代到21世纪初，特殊预防又有所复苏，处罚的严厉性有加重的趋势。自20世纪90年代开始，对治疗措施的信任又有所上升。在某些领域，特别是对毒品犯罪，又开始采用特殊预防措施。2001年，青少年教养院以“青少年制裁措施”的名义事实上又回到了刑法中。① 另一方面，人们也在开始讨论用替代措施来代替传统监禁刑的执行。例如，经过10年的成功试验后，社区服务于1992年成为丹麦刑法典的一部分。21世纪以来，很多交通犯罪适用了社区服务。

上面丹麦刑法的发展历程清楚地表明，首先是极端的客观主义（古典学派）被否定了，其次是极端的主观主义（实证学派）被否定了，然后是两派共存，各有千秋。很明显，丹麦刑法的发展历程给我们勾勒出了一个从客观主义向主观主义，然后向客观主义回调，再向主观主义回调的清晰轮廓。这一过程恰似一个摆动的钟摆，在能量损耗的过程中，逐渐向中间靠拢，趋向于平衡。主观主义与客观主义两种刑法理论竞争的结局启示我们，主观主义与客观主义都不是完美无缺的理论，都不可能一统天下，两者各自的合理成分决定了，优势互补、并驾齐驱是历史的必然。

二、犯罪论的亮点

总体而言，丹麦属于大陆法系国家，犯罪的成立条件与其他国

① Jørn Vestergaard, *A Special Youth Sanction*, Journal of Scandinavian Studies in Criminology and Crime Prevention, 2004, Vol. 5, p. 79.

家没有本质区别。① 但具体而论，丹麦刑法的文化基础是北欧文化，具有自己的特色，因而犯罪论亦不乏闪光之处。

（一）盖然性的故意

1930年《丹麦刑法典》通过以前，刑法起草委员会认真地进行了预调查，在此基础上形成了刑法草案。其中，最后一份草案对犯罪故意的定义是："当行为人知道自己的行为将满足某个犯罪成立的法定条件，或当他明知自己的行为必然或盖然性地导致犯罪结果的发生，或当他明知自己的行为可能导致犯罪的发生，但即使犯罪真的发生，他也要实施该行为。"② 据此，刑法理论认为丹麦刑法中规定了三种故意：直接故意、间接故意、盖然性的故意。前两种故意与我国刑法理论中的相关内容基本相同，而盖然性的故意我国刑法中没有涉及。

盖然性的故意是指，行为人可能并不希望犯罪结果发生，但如果他或她明知自己的行为具有导致犯罪结果发生的高度盖然性（超过50%），却依然实施该行为。③ 以法定强奸罪为例，犯罪人可能不知道被害人是15周岁以下的未成年人，但如果从其外表判断，则该被害人的年龄在15周岁以下的可能性极大。在这种状况下与其发生性关系，主观上就是盖然性的故意，成立强奸罪。盖然性的故意与间接故意有相似之处，都是明知自己的行为可能导致犯

① 丹麦刑法理论与实践认为，成立犯罪必须具备三个条件：第一，客观因素——犯罪行为，犯罪人必须实施了制定法规定的作为或不作为。第二，主观因素——犯意，行为人实施危害行为时必须基于故意或过失（在严格责任的场合可以是无谴责性的态度）。第三，违法性，行为必须违反了法律规定。

② Lars Bo Langsted, Vagn Greve, Peter Garde, *Criminal Law*, 2nd. edition, DJØF Publishing 2004, p. 55.

③ Vagn Greve, *Criminal Law and Justice in Denmark*. In: Børge Dahl, Torben Melchior, Ditlev Tamm. (eds.), *Danish Law in a European Perspective*. 2 edition, Thomson Publish, Copenhagen 2002, p. 480.

罪结果的发生。区别有两点：一是对结果发生的心理态度不同。间接故意对结果的心理态度是放任结果的发生，而盖然性故意对结果发生的心理态度是不希望，或对此根本没有考虑。二是明知结果发生的可能性大小不同。间接故意对结果发生的可能性大小没有要求，只要有这种可能性就可以了，而盖然性的故意要求明知结果发生的可能性非常大，要超过50%。

根据我国刑法，预见到自己的行为可能发生危害社会的结果，但不希望结果发生的，这种心理态度属于过于自信的过失，构成犯罪的，按过失犯罪处理。另外，现实中有不少案件，犯罪人当时根本没有考虑对危害结果的态度，要查清他主观上是希望还是不希望就更为困难。根据有利于被告的原则，这种情形大多按过失处理。但是，在已经明知危害结果可能发生，并具有高度盖然性的情况下，即便不希望危害结果发生，只要义无反顾地实施自己的行为，那么这种心理态度的可谴责性与一般的过于自信的过失的可谴责性就有本质区别，对其进行区别对待就成为必要。特别是随着科技的高速发展，社会中的危险因素越来越多，为维护公共安全，将这种心理态度作为故意处理，符合社会的一般期待。如果作为过失处理，则有放纵犯罪之嫌，不利于维护公共安全。因此，丹麦刑法从过于自信的过失中区分出盖然性的故意，符合当今社会的特点。

（二）法人的严格责任

众所周知，英美法系国家刑法对某些犯罪适用严格责任。严格责任是指在某些特殊犯罪中，即使被告的行为不具有对被指控犯罪必要后果的故意、放任或过失，即使被告对必要的犯罪条件没有犯罪意识或行为过失，即使被告的行为是基于合理的错误认识，认为自己具有犯罪定义所规定的某个特殊辩护理由，他也可能被定罪。在这种情况下，虽然被告没有任何过错，但却要承担刑事责任。①

① 参见［英］鲁珀特·克罗斯、菲利浦·A. 琼斯：《英国刑法导论》，理查德·卡德修订，赵秉志等译，中国人民大学出版社1991年版，第77～78页。

由于大陆法系刑法理论坚持主客观相统一，鲜有大陆法系国家的刑法采纳严格责任。

丹麦也是大陆法系国家，但对严格责任的态度却别具一格，成为引入严格责任的唯一大陆法系国家。在丹麦尽管适用刑罚的主要条件之一是，犯罪人对他的作为或不作为具有应受谴责的心理态度。但在一些重要领域，基于效率的考虑，国会甚至放弃要求行为人主观上有过失，引入了严格责任。严格责任首先表现在部分商务、贸易立法中，典型的例子是1926年的《黄油法》。20世纪初，由于黄油供应短缺，对丹麦出口造成了巨大的威胁，进而危及丹麦国家的经济。为此，该法案采纳了严格责任，没有为违法者留出任何宽恕的空间。《黄油法》的模式后来被推广到农业、商业及环境等领域。目前，刑法中适用法人的严格责任的行为有近200种，适用自然人的严格责任的行为大约有25种。① 丹麦刑法理论的主流观点认为，对自然人应排斥适用严格责任。概言之，在丹麦关于严格责任的理论与实践呈现出如下特点：一是严格责任大量适用于法人，对自然人较少适用严格责任，理论界反对就自然人适用严格责任；二是严格责任主要适用于公害领域；三是适用的根据是特殊领域需要突出效率。

前几年，关于强奸幼女罪的大讨论清楚地表明，在中国压倒性多数的刑法学人对严格责任持排斥态度，认为严格责任是英美法系国家的事情，中国属于大陆法系国家，刑法要坚持主客观相统一。无可质疑，强奸幼女罪应坚持主客观相统一，对自然人应避免严格责任。但这并不意味着在我国没有引入严格责任的可能。借鉴丹麦刑法的理论与实践，在笔者看来，对法人完全可以适用严格责任，特别是在商业和环境领域。很多给社会带来高度危险的公害犯罪，如在食品、药品中掺杂或掺假、非法处理危险化学品或核废料等，这些本是行政法调整的对象，不是传统意义上的犯罪。后来行政刑法的出现，由于这类行为侵害的对象是不特定的公众，发生和产生

---

① See Lars Bo Langsted, Vagn Greve, Peter Garde, *Criminal Law*, 2nd. edition, DJØF Publishing 2004, p. 59.

危害的概率很高，后果往往很严重，才将其上升为犯罪，因此属于法定犯。毫无疑问，主客观相统一是反对封建刑法对自然犯客观归责发展起来的理论。对法定犯是否也应将这一原则作为唯一的归责原则呢？在笔者看来，对象不同，原则也可有异。法定犯与刑事犯违法性的根源有异，对其进行犯罪化的目的有别，在归责原则上理应有所差别。严格责任能更好地震慑和督促经营者积极采取事故防范措施，从而更好地预防和减少公害事故的发生，符合刑法规定法定犯的目的。丹麦刑法的理论与实践告诉我们，基于效率的需要，在公害领域对法人适用严格责任是可行的。

（三）未遂及其撤回

与其他国家不同，丹麦刑法规定了一个非常宽泛的未遂概念，不仅不要求行为接近犯罪的完成（着手），即使距离犯罪很远的行为，也可能构成未遂。①《丹麦刑法典》第21条第1款是关于犯罪未遂的规定，该条指出："为犯罪创造条件的行为，或为完成犯罪而实施的行为，如果犯罪最终没有完成，以犯罪未遂处罚。"②不仅如此，丹麦刑法规定的未遂不要求行为具有客观的危险性，事实上不可能产生危害结果的行为（如把糖当成了毒药毒害他人），也成立未遂，③ 理由是可谴责性的意志就是刑事责任的充分根据。④由此看来，丹麦刑法基本上采取了主观未遂论的立场。

关于未遂成立的范围，原则上刑法典规定的犯罪与特殊刑法规

① 为了放火而购买一盒火柴也可能作为放火罪的未遂处罚，只要有这种故意存在。

② 本书所引用的丹麦刑法条款全部出自 Malene Frese Jensen，Vagn Greve，Gitte Høyer & Martin Spencer，*The Principal Danish Criminal Acts*，3rd. edition，DJØF Publishing 2006. 以下不再说明。

③ 1968年，上诉法院曾经对为杀人而购买白铅的行为按杀人未遂处理。参见 U1968 p. 870 Court of Appeal.

④ 需要说明的是，尽管丹麦刑法中的未遂包括了能犯未遂与不能犯未遂，但并不包括完全不具有危害性的不能犯，如希望他人死于空难，因而力劝其乘坐飞机，不成立未遂。

定的犯罪都可能成立未遂。但也有两点限制：一是法定最高刑在4个月以上的犯罪，未遂才处罚；二是过失不成立未遂。关于未遂的处罚，原则上未遂犯与完成犯适用同样的刑罚，但法律也授权可以从轻处罚。《丹麦刑法典》第21条第2款规定："在未遂的情况下，特别是有证据表明犯罪的意图不是很强烈、不是很坚决时，可以从轻处罚。"仅在一种例外情况下未遂才免除处罚，即未遂杀婴罪。《丹麦刑法典》第238条第2款规定，母亲杀害自己刚出生或在出生过程中的婴儿，如果是未遂，且没有对婴儿造成损伤，可以免除处罚。从司法实践来看，严重犯罪的未遂（如未遂强奸、未遂杀人）大多被从轻处罚，而轻微犯罪（如入室盗窃）很少被从轻处罚。

值得一提的是未遂的撤回，如果未遂成功撤回，则不处罚。《丹麦刑法典》第22条规定："如果犯罪人自愿而不是由于偶然的障碍放弃了犯罪意图，阻止了犯罪的完成；或者在不能犯未遂的情况下，采取了足以阻止犯罪完成、避免危害结果发生的措施，则未遂不处罚。"未遂的撤回要符合主客观条件。主观上要求行为人自愿，而不是由于偶然的障碍放弃犯罪。客观上，要区分实行终了的未遂与未实行终了的未遂。对于未实行终了的未遂，只要放弃继续实施犯罪行为就成立未遂的撤回。对于实行终了的未遂，还要采取积极措施有效地防止犯罪结果发生。

在不能犯未遂的场合，如对象不能犯、工具不能犯、方法不能犯等，由于不可能产生意图的犯罪结果，不可能既遂。这种情况下要撤回未遂，根据《丹麦刑法典》第22条之规定，行为人必须采取假如在能够既遂的情况下也足以阻止犯罪成功、避免危害结果发生的措施。例如，行为人错误地将对人体没有危险的药当成致命毒药，并把投有这种毒药的面包给他人吃。此时，行为人必须采取措施有效地阻止他人吃面包，未遂撤回才成立。需要说明的是，并非所有未遂的撤回都免除责任。如果是严重犯罪的未遂，且这种未遂包含独立的、已经完成的他种犯罪，仍要按成立的其他犯罪处罚。例如在强奸犯罪的场合，在强奸行为完成以前，行为人自愿、主动地不实施强奸，成立未遂的撤回。但是，由于强奸未遂可能独立包含强制猥亵罪或侵犯他人身体罪，如果撤回强奸未遂的同时，另成立强制猥亵罪或侵犯他人身体罪，则仍应按强制猥亵罪或侵犯他人身体罪处罚。丹麦刑法中，与未遂的撤回相似的还有共犯的撤回，这里就不具体介绍了。

丹麦刑法关于未遂撤回的规定与我国刑法中的犯罪中止极为相似，特别是能犯未遂的撤回与我国刑法中的犯罪中止几乎没有多大差异，但在不能犯未遂的场合，我国刑法却没有相关的规定。根据我国刑法，对象不能犯、工具不能犯、方法不能犯等不能犯也是应受刑罚处罚的行为，对这类犯罪是否可以成立中止，或如何才能成立中止，我国刑法没有相关规定。由此看来，借鉴丹麦刑法有关未遂撤回与共犯撤回的规定对完善我国刑法的相关理论是有益的。

三、刑罚论中的明珠

丹麦刑罚制度最突出的特色是明确区分刑罚与其他法律后果，刑罚的目的主要在于威慑，适用的依据主要是已经实施的行为；其他法律后果的目的在于特殊预防，以未来的假设（除刑罚以外不适用其他法律后果，被告人仍将继续实施犯罪活动吗?）为基础。[①] 丹麦刑法规定的刑罚有监禁、罚金、社区服务；其他法律后果有（1）安全监护，（2）没收，（3）剥夺权利，（4）收容于为精神病人设置的医院或其他适当的机构（只适用于精神病犯罪人），（5）关押于工作或居住机构、瘾癖治疗五种。其中，三种刑罚可以相互联合适用，也可以与某些其他法律后果联合适用。下面仅就丹麦刑罚制度中的几个亮点进行介绍。

（一）宽幅度法定刑下的公正

丹麦刑法像其他国家刑法一样为具体犯罪配置了法定刑期，但法定刑的幅度特别宽，没有绝对确定的法定刑。绝大多数犯罪只规

---

① See Lars Bo Langsted, Vagn Greve, Peter Garde, *Criminal Law*, 2nd. edition, DJØF Publishing 2004, p. 105.

定了一档法定刑，且基本没有下限。这样配置法定刑的背景有两个：其一，从20世纪50年代开始的研究发现，法院事实上不重视法定刑的限制，法官只适用他们认为适当的刑罚。自此以后，刑法常设委员会和国会多次表示，判决是具体化的过程，应建立在所有可得到的信息的基础之上，限制法官的自由选择是不适当的。因此，规定了较宽的法定刑，这种宽幅度的法定刑几乎对法官没有什么约束。其二，在丹麦根据上诉法院相似的判例来确定刑罚是普遍的共识。①

由于法律授予了法官较大的自由裁量权，所以刑法典只就刑罚裁量作出了极为模糊的规定。如《丹麦刑法典》第80条规定："在坚持罪刑均衡原则的前提下，刑罚裁量过程中应考虑犯罪的严重程度以及犯罪人的具体情况。在评价犯罪严重性时应考虑已经造成的伤害、具有的危险、损害的程度以及犯罪人知道或应当知道的情况。在评价犯罪人的具体情况时应考虑犯罪人日常所处的人际关系和社会环境、犯罪前后犯罪人的表现以及犯罪人实施犯罪的动机。"

（二）相互配合的监禁、缓刑与社区服务

丹麦刑罚制度中，缓刑是为减少监禁刑的负面效果而设置的，而社区服务是缓刑条件的重要内容之一，也是替代监禁的重要代表。由此可知，在丹麦刑法中监禁、缓刑与社区服务三者是有密切联系的概念。

1. 监禁刑罚的特点。

监禁是丹麦刑罚制度中最基本也是最重要的刑种。如前所述，1930年《丹麦刑法典》规定了宽容监禁和普通监禁两种监禁刑。最初，两种监禁刑适用的条件和监禁方式有很大的差异，被处以宽容监禁的人在当地短期监狱中执行，而被处以长期监禁的犯罪人则

① See Børge Dahl, Torben Melchior, Ditlev Tamm (eds.), *Danish Law in a European Perspective*, 2nd. edition, Thomson Publish, Copenhagen 2002, pp. 487-488.

在普通监狱中执行。后来由于宽容监禁的成功，许多犯人适用了宽容监禁。但受当地短期监狱容量所限，大量被处以宽容监禁的犯人必须到普通监禁中，与被处以普通监禁的犯人一起服刑，而在同一监狱中难以维持不同的执行规则。于是，自2000年以后，就只保留了一种监禁刑，即监禁，期限从7天到16年，或终身监禁。监禁刑根据犯罪人的不同情况以及刑罚的不同阶段，可以在开放式监狱或封闭式监狱中执行。

实践中，丹麦适用了相当多的监禁刑，但监禁的期限非常短。62%的监禁刑在3个月以下，只有6%的监禁刑在2年以上，被处以4年以上监禁的不超过2%。因而，每10万人口中平均只有7人在狱服刑，这一数字在西欧是相当低的。

1967年，纳斯（Lars Nordskov NieLsen）成为丹麦监狱当局的负责人，他启动了一个可以称为“标准化”的过程：使用关押是实现刑罚的手段，但这种方法本身剥夺了犯罪人的自由。因此，为了使监狱的生活尽可能地与外界相似，所有不必要地剥夺犯人自由的措施和手段都应当废除。于是“标准化”取代“更生改造”成为监禁措施的核心内容。①

2. 缓刑的种类与条件。

丹麦刑法规定了三种缓刑：第一种是暂缓确定刑罚的内容。这种缓刑是法院确定犯罪人有罪，但发现没有必要执行刑罚，因而暂缓确定刑罚的内容，经过一定的缓刑期后免除。第二种是暂缓执行。在这种缓刑中法院不仅确定被告有罪，而且适用了具体的刑罚，但同时决定附条件暂缓执行确定的刑罚，经过一定的缓刑期后免除。第三种是联合判决。如果法院认为对犯罪人进行监禁是必要的，而犯罪人的特殊情况却要求适用缓刑，法院可以决定，刑罚的一部分（不超过6个月）立即执行，剩下的部分暂缓执行。这三种缓刑的期限通常不超过3年；特殊情况下，缓刑期可以长达5年。

① Flemming Balvig, *When Law and Order Returned to Denmark*, Journal of Scandinavian Studies in Criminology and Crime Prevention, 2004, Vol 5, p. 178.

丹麦刑法中缓刑的附加条件与我国刑法缓刑的附加条件不同。针对不同的缓刑犯人，丹麦刑法规定了不同的缓刑条件。《丹麦刑法典》第57条对这些缓刑附加条件作了详细规定："作为缓刑条件，法院应规定犯罪人在整个或部分缓刑期内应接受监督。不仅如此，如果法院认为适当，可以制定其他缓刑条件，要求犯罪人：(1) 遵守关于居住地、工作地、受教育地、空余时间的支配、与特殊人的联系等特殊条件。(2) 居住到适当的中途之家或管教设施内；判决应确定居住在这些机构中的期限，通常不超过1年。(3) 禁止滥饮酒、使用麻醉品或其他相似的医疗物品。(4) 服从对嗜酒成性、麻醉品或其他相似的医疗物品的瘾癖治疗，如果认为必要，可以收容于医院或特殊机构内。(5) 服从为嗜酒成性精心安排的、受到控制的为期至少1年的治疗。(6) 服从精神病治疗，如果认为必要，在医院治疗。(7) 遵守缓刑服务部门关于控制收入和资本的限制，履行自己的经济义务。(8) 赔偿由于犯罪行为引起的损失。(9) 依据市政当局的决定，服从依照《社会服务法》第40条规定的措施；特殊情况下，遵守市政当局给予犯罪人的指导。"需要说明的是，法院依据这些规定制定的缓刑条件不是一成不变的，经公诉机关或缓刑犯人的申请，法院可以根据实际情况进行修改。

当缓刑犯违反缓刑条件时，法院可以警告，或以命令的形式修改缓刑条件，或在法定期限内延长缓刑期限。如果原判决是暂缓确定刑罚的内容，可以判决的形式对实施的犯罪处以刑罚或其他法律后果；如果原判决是暂缓执行已经确定的刑罚，可以以判决的形式决定立即执行刑罚。

3. 社区服务的内容。

社区服务是丹麦监禁刑替代措施的重要代表。1982年，社区服务令在几个法院开始试点，几年以后就推广到所有法院，并于1992年成为丹麦刑法典的一部分。社区服务是缓刑的一种，即以社区服务为条件的缓刑。根据《丹麦刑法典》第62条之规定，适用社区服务的条件是，如果法院认为单纯适用缓刑不充分，且发现犯罪人适合适用社区服务，可以决定将社区服务作为缓刑的条件。

社区服务意在减少监禁刑的使用，但国会不希望用社区服务代替长期监禁刑。实践中，当犯罪人应被处以1年以下监禁，且不适合单纯适用缓刑时，法院通常考虑适用社区服务。社区服务是无报酬的，为期最少30小时最多240小时，并应在法院规定的期限内执行。在特殊情况下，监督机关可以延长上述最高社区服务期限，但这一期限不能超过缓刑期。以社区服务为条件的缓刑，法院可以确定一个最高不超过2年的缓刑期。

当犯罪人未能执行社区服务，或违反其他条件时，法院可以对犯罪人适用立即监禁；或维持缓刑判决，但在法律规定的期限内延长社区服务期限和缓刑期。在决定立即收监执行监禁时，法院应考虑犯罪人已经执行社区服务的情况，适当减少监禁的期限。

丹麦刑法中监禁刑、缓刑与社区服务三者相互配合，形成了一个有机的整体，尽可能地减少了自由刑的弊端，有利于犯罪人重新回归社会。特别是功能各异的缓刑及其适用条件，使缓刑的功能得到了充分的发挥。社区服务的引入进一步减少了自由刑的适用，为轻微犯罪的有效处置开辟了道路。

（三）日罚金刑

根据丹麦刑法的规定，罚金既可以作为主刑适用又可以作为附加刑适用，当法院将罚金作为主刑适用时，应采用日罚金刑的形式。日罚金刑的期限反映犯罪的严重性，一天日罚金的数额由犯罪人的经济状况来决定。关于日罚金刑的适用条件和期限，《丹麦刑法典》第51条第1款作了明确规定："当法院依照本法适用罚金时，应采用日罚金制；当罚金作为其他法律后果的附加刑时，不适用日罚金制。日罚金的期限为1天以上60天以下，根据犯罪的性质以及本法第八十条之规定确定。日罚金一天的金额由犯罪人通常一天的收入来确定，在确定这一金额时应考虑犯罪人的生活条件，包括资本收入、家庭责任以及其他影响支付能力的情况。但日罚金一天的数额不能少于2丹麦克朗。"警察以及其他公共机构可以为日罚金的确定进行必要的调查。

日罚金是丹麦罚金刑的主要形式，但不是唯一形式，当适用日罚金不能实现罪刑相适应时，法院可以不采用日罚金刑。《丹麦刑法典》第51条第2款明确指出："如果适用日罚金只能处以较小的罚金数额，鉴于犯罪人已经取得或意图取得的收益，法院可以不以日罚金的形式确定罚金数额。"在这种情况下，法院在确定罚金数额时应考虑犯罪性质、犯罪的严重性、犯罪人的个人情况、犯罪人的支付能力、犯罪人获取或意图获取的收益。

如果在法院或警察规定的缴纳期限内未能缴纳罚金，警察可以扣押犯罪人的财产，也可以扣留犯罪人一定比例的工资，只要不会严重降低犯罪人及其扶养人的生活标准。如果这些措施无意义或难以实现，可以替换为监禁刑。关于替换为监禁刑的期限，《丹麦刑法典》第54条作出了具体规定："当法院适用罚金时，法院应同时为罚金确定替代为监禁刑的期限。如果罚金是以日罚金的形式确定的，在计算替代为监禁刑的期限时，替代为监禁刑的期限应等于日罚金的天数，但替代为监禁刑的期限不能少于2天。如果罚金是以其他形式确定的，替代为监禁刑的期限不能少于2天，不能超过60天。但特殊情况下，替代为监禁刑的期限可以增加到9个月。"如果罚金的一部分已经支付，则替代为监禁刑的期限应相应减少。但剩余罚金替代为监禁的刑期以天为单位，且不能少于2天。如果罚金刑的一部分已经以替代为监禁刑的方式执行，且犯罪人愿意支付剩余的部分，在计算剩余罚金刑的数额时，已经以监禁刑的方式替代执行的部分只能以整天为单位来计算。上述规定似乎表明，罚金与监禁可以相互替代，事实上犯罪人不能在罚金和监禁之间进行选择，只有犯罪人无力缴纳罚金，且采取强制措施无法实现罚金时，才可以替换成监禁。

（四）其他法律后果

如上所述，丹麦刑法规定了不少其他法律后果，但这些其他法律后果不是某一可罚行为的必然后果，是否适用以预防进一步犯罪为必要条件。丹麦刑法规定的五种其他法律后果可以归纳为三类：不正常者的治疗、剥夺权利和没收。其中没收与我国法律中的相关规定没有太大差异，在此就不专门介绍。

对不正常者进行治疗是社会防卫的途径。如果被告人因精神疾病不具有责任能力而被宣告无罪，法律授权法院可以适用预防其进一步犯罪所必要的其他措施。如果法院认为非极端措施，如监督、收容于居住设施或工作设施、瘾癖治疗、精神病治疗等措施都不足以起到预防效果，法院可以决定将犯罪人收容到精神病医院、关押严重精神缺陷者的机构，或者投入有适当监护的精神病看护所、有适当监护的中途之家或机构。如果已经实施的行为明显表明行为人具有严重的人身攻击性，安全监护也可以适用。如果被告人是限制责任能力人，法院也可以用上述措施来代替刑罚。

安全监护是其他法律后果中最严厉的一种措施，使用的目的是避免人身攻击、防止暴力抵抗、预防自杀或自残。安全监护在特殊的安全囚室中执行，犯罪人可以受到皮带、手铐、脚镣等器具的限制。安全监护适用的对象主要是人身危险性极大的人。何种人才具有极大的人身危险性，《丹麦刑法典》第 70 条规定了三个判断标准：(1) 只有当被告人实施了杀人、抢劫、强奸、剥夺自由、严重的暴力犯罪、威胁使用放火，或者上述各种犯罪的未遂。(2) 并且从实施犯罪行为的性质，以及获取的关于犯罪人人格的信息，特别是他的犯罪记录来看，明显具有危及他人生命、人身、健康、自由的危险。(3) 且使用安全监护替代监禁是避免这种危险所必要的。

剥夺权利属于资格刑，适当地适用可以削弱犯罪人的犯罪能力，但不当的适用也不利于犯罪人回归社会。自 20 世纪 50 年代以来，丹麦刑法就确立了一个基本原则，被宣判有罪并不影响其他民事权利的行使。这一原则是建立在这样一种观念之上的：对已决犯人更生改造最好的方法是，当犯罪人在服刑时享有普通市民的权利。基于这一原则，丹麦刑法一般不限制犯罪人行使自己的民事权利，包括依据普通执照和海事执照从事商事活动。但是，在需要当局特别批准或委托的事务中，如果犯罪人已经实施的犯罪行为明显表现出滥用这些职业或工作的危险，那么剥夺从事这种职业或工作的资格就成为必要。正是基于这种认识，丹麦刑法将剥夺权利的范围限定于需要当局特别批准或委托的事务，并且要求犯罪人的犯罪行为明显具有滥用这种工作或职业的危险性。如果犯罪人判决以前已经在从事需要当局特别批准或委托的事务，继续从事这种事务的资格或权利可能就会被剥夺。例如，医生利用他的工作之便与病人发生性关系、注册会计师帮助当事人逃避纳税，犯罪人继续从事医生或注册会计师的资格就会被剥夺。不仅如此，在特殊情况下，法律授权可以剥夺犯罪人从事相关商事活动的资格，如剥夺一个人成为股份公司原始发起人、股份公司经理或董事会成员、承担特殊公共确认职责的公司、协会、基金会管理人员的权利。剥夺权利的期限有两种：一种是确定期限，从最终裁决之日起不少于1年，不超过5年；另一种是无确定期限。在无确定期限的情况下，经过5年以后是否继续禁止从事这种商事活动，犯罪人可向法院提出申请。是否继续禁止，由法院裁决。

由于其他法律后果是以预防犯罪人继续犯罪为必要条件的，而不是以已经实施的犯罪行为为根据的，如果适用的条件消失就应及时停止。为防止其他法律后果适用过剩或不足，法律规定了许多救济措施。丹麦刑法规定，当适用其他法律后果将被告人收容于一种设施内，或者适用的强制措施具有收容于设施内的可能性，判决应对这种措施确定一个最长不得超过5年的期限。判决确定的最长期限届满，在特殊情况下，根据公诉机关的要求，法院可以以命令的形式重新制定一个最高为期2年的期限。但是，如果被告人实施了杀人、抢劫、剥夺自由、严重的暴力犯罪、放火、强奸以及其他严重的性犯罪，或者上述犯罪的未遂，通常不规定处置措施的最大期限。如果判决没有规定处罚措施的最大期限，从法院作出决定之日起5年内，公诉机关应向法院提出修改或终止这一措施的问题，除非在最后2年内这一问题已向法院提出过。此后，这一问题每2年向法院提出一次。

此外，为保护犯罪人的权利，丹麦刑法规定，当将被告收容于一个设施内或安全囚室内时，法院还应委任一个共同监护人。共同监护人优先从犯罪人的直接家庭成员中委任，根据被告人的实际情况共同监护人可以就强制措施的强度和期限向法院提出修改的申请。

丹麦刑法严格区分刑罚与其他法律后果，刑罚着眼于过去，其他法律后果放眼未来，目的在于防卫社会。两者功能各异，分工明确，相互配合，不失为一种平衡主观主义与客观主义的创举。

（五）青少年的特殊处置措施

青少年在各国都被作为一个特殊群体对待，丹麦刑法对青少年的态度特别值得关注。2001 年春天，丹麦国会通过了一个法案，引入了一种新的教养措施——一种特殊的“青少年管教”。① 青少年管教措施基于这样一种假设而提出：通过长期的社会教育影响，目标群体中的人员至少在一定程度上能被“扶正”。建立这种措施的基本观念是，如果要想对大多数问题青少年产生积极影响，就必须在严格限制的生活条件下实施长期持续的社会教育治疗（即主要收容于设施内）。②青少年管教措施的使用意味着未成年犯人将会经受为期两年的“精心安排、受到控制的社会教育治疗”。目标群体是被社会遗弃且适应不良的青少年犯中的那些顽固不化分子。

青少年管教措施的主要内容由法院决定，在设施内的最长期限是 18 个月。但如果是累犯，管教期限和在设施内的最长期限可以再延长 6 个月。不仅如此，法庭还可能为青少年犯规定一些个性化

① 主要条款是 2001 年第 469 号修正案修订后的刑法典的第 74（a）条和第 89（a）条。刑法典的第 74（a）条规定：“当一个犯罪时未达十八周岁的人实施了严重危及人身的犯罪或其他严重犯罪，只要认为是预防进一步犯罪所必要的，法院就可以决定对其进行为期 2 年的、精心安排的、受到控制的社会教育治疗。法院可以为这类犯罪人规定类似于本法第五十七条规定的条件，收容于居住设施或适当设施内的最长期限为一年零六个月，包括收容于为孩子或未成年人设置的安全囚室中最长 2 个月的期限。当一个接受上述第一款规定的处罚措施的人犯了新罪，法院可以延长这一措施的期限来代替刑罚，最长可以延长 6 个月，包括延长上述设施内最长一年零六个月的期限。”

② Andreassen T, *Treatment of Juveniles in Institutions*, Oslo: Kommuneforlaget. 2003, p. 238.

的管教条件，这些条件类似于缓刑中适用的一些条件。法庭的判决只涉及基本条件（包括个性化条件），具体如何实施留给有自由决定权的社会福利机关决定。例如，适用于青少年犯的管教措施可能涉及如下一些内容：（1）接受社会福利机关为期2年的监督，并遵守规定的具体社会教育治疗内容。（2）法庭判决以后，在儿童和青少年管教设施中的安全囚室进行为期不超过2个月的管教。（3）随后在普通青少年管教设施或青少年教养院中进行为期不超过12个月的管教。（4）并遵守社会福利机关制定的有关教育的所有规定，包括重新转移到安全囚室或继续留在安全囚室，只要在刑法典规定的最长期限以内。①

为了使法庭的判决有合理的根据，检察官在判决以前需要提供一个有关犯罪人个人情况的报告。这一报告是由犯罪人居所地的地方社会福利机关提供，为便于法庭处置，以便判决中包含相关的治疗措施，社会福利机关的正式建议必须包括该青少年长期活动的情况。特别希望社会福利机关评论下面一些内容：（1）情感的发展状况、社会行为、文化水平和实际上的日常活动。（2）学校教育、职业、运动。（3）认可的或类似的治疗方法。当适用青少年管教措施时，地方社会福利机关会细化有关管教条件。

一般而言，青少年管教措施首先在社会福利机关主管下的青少年管教所中的安全囚室开始执行，随后的第二阶段是在普通的青少年管教设施中为期更长的治疗，最后一阶段是一定期限的社区监督。根据社会福利法的一般规定，收容于安全囚室是基于下列理由之一：（1）如果认为这一措施是防止犯罪人自己或他人不被伤害而绝对必要的；（2）为了最初的观察；或（3）为执行一个更长期限的治疗判决。② 通常，判决的第一部分没有固定具体的期限，法

① Jφrn Vestergaard, *A Special Youth Sanction*, Journal of Scandinavian Studies in Criminology and Crime Prevention, 2004, Vol. 5, p. 66.

② 参见丹麦《社会福利法》第8条。对15岁以上的青少年而言，在安全囚室中度过的总期限不超过14个月。不仅如此，根据程序法的相关规定，法庭可以决定，把青少年收容于青少年管教所中的安全囚室进行判决前的替代式羁押。

庭可能只设定一个最大的期限，具体转移到普通开放式病房的时间留给地方福利机关根据治疗情况来决定。首先在安全囚室进行管教的期限不超过 2 个月，特殊情况下在安全囚室中管教的期限可能长达 12 个月。

执行完在安全囚室的管教以后，青少年犯就进入普通病房，期限通常不超过 12 个月。如果有积极的发展变化，判决最初确定的最后一部分也可以提前执行。判决中的这一部分是由社会福利机关执行的社区监督，这一阶段的长短取决于设施内执行的总长度，设施内的时间越短，则设施外社区监督的时间越长。在普通设施内，如果某个青少年犯严重违反相关管理规定，就可能被重新转移到安全囚室。经过一段时间的紧急救治后，重新转移到普通管教设施。再转移到安全囚室的法定条件是：只要认为这种措施是预防再次犯罪所必需的。判决前的羁押时间或替代式羁押时间并不从青少年管教措施确定的期限中扣除，但选择管教场所和确定实际执行期限时，原则上判决前的羁押时间必须考虑。

四、罪刑各论的特色

《丹麦刑法典》分则共有 18 章，都是按所保护利益的性质不同进行归类的。各章排列的顺序与我国刑法分则的排列顺序有些类似，基本遵循优先保护国家利益，然后是公共利益，最后是个人利益，这是贯彻福利国家观念突出国家、社会利益优先的体现。需要说明的是，除了刑法典分则规定的具体犯罪外，特别刑法还规定了大量的具体犯罪。可以说，在丹麦几乎没有制定法不包含刑罚规范，如道路交通法、市场法、版权法等，都有刑罚规范。由于涉及具体罪行众多，不可能也没有必要一一介绍，本书只讨论其中的主要内容。

（一）突出社会防卫

福利国家意味着使社会问题最小化，使人们的福利最大化。犯罪是影响社会生活的主要因素之一，因而努力减少犯罪，防卫社会就成为福利国家的基本目标。因此，在罪刑各论的排列顺序上，违反国家利益、社会公共利益的犯罪处于前列，突出社会防卫。不仅如此，为了实现这一目标，丹麦刑法对人身危险性较大的人还采取了特殊处置措施。

1. 对危险犯罪人进行特殊限制。

人身危险性较大的犯罪人，再次犯罪的可能性较大。对这类犯罪人，丹麦刑法除适用通常的刑罚以外，还采取了特殊的限制措施，以达到防卫社会的效果。典型的例子是对故意实施强奸、奸淫幼女、引诱她人从事卖淫等与性相关的犯罪的犯罪分子，在刑罚执行完毕后仍对其进行一定的限制，防止重新危害社会。《丹麦刑法典》第 236 条规定：因犯各种强奸罪被宣判有罪的人，法院可以命令他不准出现在公共公园、花园、公共绿地，学校、娱乐场所、孩子之家、收容精神缺陷者的医院或设施附近，特定的林地、洗浴场所、海滨胜地等场所。除此之外，因犯各种性犯罪以及引诱她人卖淫、开设妓院而被宣告有罪的人，法院可以禁止十八周岁以下的未成年人住在他家，未经警察允许，禁止该犯罪人与十八周岁以下的未成年人住在一起的人待在一起。这些禁止性规定的期限是刑罚执行完毕后至少 3 年，3 年期满后犯罪人可以提出撤销这些禁止性规定的申请，是否撤销由法院决定。在刑罚执行完毕后，对人身危险性较大的犯罪人仍进行这些限制，社会防卫的意图非常明显。

2. 对精神不正常者的特殊限制。

如前所述，对因精神疾病或精神缺陷而不具有责任能力的人，刑法在承认其不负刑事责任的前提下，授权法院对这类人适用所谓的其他法律后果，收容于精神病院治疗，甚至进行安全监护。不仅如此，对限制责任能力人也倾向于适用其他法律后果，以实现防卫社会的目的。《丹麦刑法典》第 69 条规定："当犯罪人行为时处于不能完全控制和辨认自己行为的状态，或他的认识能力受到损坏、处于紊乱状态，尽管不属于本法第十六条规定的情形，如果认为适当，法庭可以决定适用本法第六十八条第二句涉及的处罚措施来替代刑罚。”① 即对限制刑事责任能力者，法院可以决定将犯罪人收容于精神病医院、关押严重精神缺陷者的机构，或者投入有适当监护的精神病看护所、有适当监护的中途之家或机构，代替刑罚。这种措施的显著特征是，如果犯罪人实施了杀人、抢劫、剥夺自由、严重的暴力犯罪、放火、强奸、威胁使用暴力以及其他严重的性犯罪，或者上述犯罪的未遂，通常不规定处置措施的最大期限。很明显，这样处置意在限制犯罪能力，实现特殊预防。

3. 对累犯的处罚突出长期监禁。

累犯是人身危险性较大的典型代表，也是丹麦刑法特别预防的重点对象。丹麦刑法关于累犯的规定采取了总分结合的方法，在总则中规定了前提条件，即自前罪执行完毕或赦免之日起10年内再犯新罪（以前是5年，2003年修改为10年）。在分则和特别刑法中规定了累犯的具体成立范围和法律后果，且以特别刑法的规定居多。这里仅以刑法分则规定的累犯为例加以说明。经检索，刑法分则关于累犯的规定至少有四处：一是《丹麦刑法典》第291条规定，任何人销毁、损坏、移走他人的财物，处罚金或一年零六个月以下监禁。但如果犯罪人以前因违反引起公共危险的相关犯罪被宣判有罪，则可以处6年以下监禁。二是第231条规定，因违反第228条、第229条规定的引诱她人卖淫、开设妓院、介绍卖淫等行为而被起诉的人，如果他以前因违反这些条款曾经被宣告有罪，或者他以前因贪利型犯罪曾经被处以监禁刑，则处罚可以加重1/2。三是第247条规定，因违反《丹麦刑法典》第244条至第246条规定的暴力犯罪而被宣告有罪的人，如果他曾经因故意实施人身攻击，或与故意暴力相关的犯罪而被处以刑罚，处罚可以加重1/2。

① 《丹麦刑法典》第16条规定，未满15周岁的未成年人实施的侵害行为，不负刑事责任。该法第68条规定，当被告因符合该法第16条被宣告无罪时，法院可以适用预防其进一步犯罪所必要的其他措施。如果法院认为非极端措施，如监督、收容于中途之家、瘾癖治疗或精神病治疗中心等，都不足以起到预防效果，法院可以决定将犯罪人收容到精神病医院、关押严重精神缺陷者的机构，或者投入有适当监护的精神病看护所、有适当监护的中途之家或机构。

四是第293条之一规定，偷开他人机动车辆，处罚金或一年零六个月以下监禁。但如果是累犯，可以处4年以下监禁。上述规定表明，对累犯的处罚比对初犯的处罚要严厉得多。很明显，丹麦刑法对累犯的处罚要比我国刑法对累犯的处罚严厉得多，我国刑法对累犯只规定从重处罚，即在法定刑以内从重，而丹麦刑法却规定加重处罚，且加重的幅度特别大，有的甚至是初犯的几倍。

（二）重视见危施救的期待

根据丹麦刑法理论，成立不作为犯罪有三个条件：一是行为人必须有能力实施作为行为；二是社会对行为人实施作为有期待；三是对没有按社会的期待积极实施作为的人，让其承担刑事责任必须合理。① 法律不宜过分科以公民作为的义务，丹麦刑法关于见危不救的规定，主要是在危险或极端情况下对人提出的特殊要求。

丹麦刑法关于见危不救的规定主要有四种情况：第一，他人生命处于垂危时的不作为。《丹麦刑法典》第253条规定："任何人在能够且对自己或他人没有特别危险或牺牲的情况下，未能（一）尽其所能地帮助生命明显处于危险的人；或（二）未能采取适当的措施营救生命垂危的人，或在海难或其他相似意外事故发生后，在受害者要求帮助下，未能采取适当措施，处罚金或2年以下监禁。"第二，重大危险事故及重大犯罪即将发生时的不作为。《丹麦刑法典》第185条规定："在有能力且对自己或他人没有重大危险或损害的情况下，任何人未能尽其所能地适时或以其他适当的方式通报，以避免火灾、爆炸、有毒气体散布、洪灾、船舶损害、铁路事故以及其他涉及人的生命的事故发生，处罚金或6年以下监禁。"相似的规定还有第141条关于知道重大犯罪正在计划而未通知公共当局的规定。第三，极端情况下的不作为。《丹麦刑法典》第142条规定："为避免意外事故或危及他人生命、健康、幸福的犯罪发生，在具有公共权力的人员要求给予帮助，且给予这种帮助

① Lars Bo Langsted, Vagn Greve, Peter Garde, *Criminal Law*, 2nd. edition, DJØF Publishing 2004, p. 50.

不会危及或牺牲重大利益的情况下，被要求人未能给予帮助，处罚金或3个月以下监禁。”第四，能证明他人清白时的不作为。《丹麦刑法典》第164条之一规定：“任何人在能够提供的情况下，未能提供确实能证明受到控告或被宣告有罪的人是清白的证据，如果他提供这一证据不会使他自己或与他关系密切的人的生命、健康受到危胁，或因相关犯罪而受到起诉，处罚金或1年以下监禁。”

从上述规定可以总结出丹麦刑法有关见危不救的规定具有如下特点：第一，体现社会一般的期待。上述各条中都包含一个前提条件，即“任何人在能够做且对自己或他人没有特别危险或牺牲的情况下”，没有对公民提出过分的要求。第二，符合刑法的谦抑精神。丹麦刑法没有一般地给公民强加作为的义务，仅在他人生命、公共安全受到极端威胁的情况下，才要求有能力且不危及自己或他人的人伸出援助之手。

我国刑法中没有关于见危不救的规定，但近年来媒体披露的见死不救、见危不救的“看客”事件，引起了社会对见危不救进行犯罪化的讨论。就笔者所知，学界主流观点还是倾向于认为见危不救属于道德问题，应由道德规范来调整，法律不应过多地干涉道德。可能正因为如此，尽管社会上不断有对见危不救进行犯罪化的呼声，但这一问题却未列入立法议程。诚然，区分法律与道德是法学的重要进步。从刑法谦抑精神出发，法律不应过多地介入道德的范畴，特别是在价值多元化的今天，更应如此。但我们也应认识到，社会科学甚至自然科学中有一个法则，即处理一般事件与处理极端事件不应遵循同样的规则。社会现实中这一规则的适用屡见不鲜，如在经济危机时要采取特殊的刺激措施。自然科学中也是如此。如在数学中，当变量等于零时，往往要特殊处理。法律是社会生活的反映，自然应反映这一法则。当前，人的生命已被视为最大利益，理应属于极端情况，所以应特别对待。当社会最基本的道德规范受到极端违反时，我们也应采取极端的措施，将其进行犯罪化。在笔者看来，这就是法律介入道德的界限，也是法律对道德谦抑的边界。基于这种立场，借鉴丹麦刑法的规定，笔者认为，应对极端违反最基本道德规范的见死不救进行犯罪化。事实上，大陆法系中除了《丹麦刑法典》规定了见危不救罪外，《法国刑法典》、《德国刑法典》、《意大利刑法典》、《西班牙刑法典》、《奥地利刑法典》等都有见危不救罪的法律条款。

五、结语：主客观的动态统一

（一）不以矫治为本，但重视矫治

如果说丹麦1930年制定之初的刑法是以矫正为本，那么现在就很难说丹麦刑法仍然是以矫正为本。丹麦知名刑法学家 Vagn Greve 指出："尽管1930年刑法仍在施行，但在近八十年的实施过程中已经通过了近百个修正案，现在很少有条文完全没有修改。因此，现在实施的刑法所代表的思想是否仍然为1930年制定刑法时所体现的思想，值得怀疑，尤其是主导1930年刑法的特殊预防思想。"① 本文第一部分对丹麦刑法的总结与回顾已清楚地表明，丹麦刑法在指导思想上几经波折，特别是20世纪70年代绝大多数特殊制裁措施的废止，"标准化"取代"更生改造"成为监禁措施的核心内容以后，丹麦刑法已不再以矫治为本。

不以矫治为本是否意味着彻底放弃矫治呢？很明显答案是否定的。不仅如此，丹麦刑法仍然很重视矫治。所谓矫治就是对具有人身危险性的犯罪分子进行更生改造治疗，针对的是危险性格，即主观主义的核心，重视矫治意味着重视主观。从以下几个方面足以说明丹麦现行刑法对矫治的重视及其程度。第一，规定了以特殊预防为导向的其他法律后果。丹麦刑法规定了大量的其他法律后果，其中不少内容是为治疗精神不正常者、瘾癖者等人身危险性较大的犯罪人而设计的。第二，规定了特殊的青少年管教措施。前文关于青少年特殊管教措施的介绍清楚地表明，这种措施完全是以治疗问题青少年为根本目标的。第三，加重对累犯的处罚。对累犯加重刑罚

① Lars Bo Langsted, Vagn Greve, Peter Garde, *Criminal Law*, 2nd. edition, DJØF Publishing 2004, p. 27.

的根据是较大的人身危险性，丹麦刑法对累犯的处罚比其他国家对累犯的处罚严厉得多，足见对人身危险性的重视程度。第四，基本采取了主观未遂的立场。在未遂问题上，丹麦刑法更突出对主观的重视，某些客观上不具有危害性的行为也以未遂论处。第五，法定刑幅度较大，法官有较大的自由裁量权。另外，根据主观主义，对人身危险性较小的犯罪分子要从轻处罚。丹麦刑法的特色之一是规定了三种类型的缓刑，对人身危险性较小的犯罪分子大量适用缓刑，并且缓刑条件也很特别，不少内容与更生改造有关。这从反面也说明了丹麦刑法对人身危险性的重视程度。

（二）不以客观为本，但强调客观

如前所述，丹麦1866年刑法确立了罪刑法定原则，突出强调犯罪的严重性、造成的损害等犯罪的客观危害及客观因素，并将其作为配置和裁量刑罚的基础，而不是根据犯罪人的不同进行犯罪分类，可以说该刑法是以客观主义为本。但1930年刑法的颁布，使客观主义的地位一落千丈，后虽几经反复，客观主义的地位有所上升，但始终没有再现昔日的荣耀。应该说，当今丹麦刑法典不是以客观主义为本的刑法。

不以客观为本是否意味着彻底放弃客观呢？很显然答案是否定的。从以下几个方面足以说明丹麦刑法对客观的重视程度。其一，自1866年刑法以后，罪刑法定原则始终是丹麦刑法的基本原则，没有动摇。罪刑法定意味着犯罪的客观方面都以成文法的形式事先固定在刑法中，必须严格遵守。其二，犯罪客观方面是裁量刑罚的基本根据之一。《丹麦刑法典》第80条规定：“刑罚裁量过程中应考虑犯罪的严重程度以及犯罪人的具体情况。”法律将犯罪客观方面与犯罪人的人身危险性都作为刑罚裁量的基础，且客观方面的地位更突出。其三，当法律为具体犯罪规定了加重法定刑罚时，恶劣的行为或严重的后果基本是适用加重法定刑的根据之一。例如《丹麦刑法典》第222条规定，与15周岁以下的未成年人性交，处8年以下监禁。如果使用胁迫、恐吓的方法与15周岁以下的未成年人性交，则处12年以下监禁。其四，对法人大量适用严格责任。如前所述，在丹麦刑罚是以已经实施的犯罪行为为根据，其他法律后果才是以预防未来犯罪为基础。由此可见，尽管丹麦刑法典不是客观主义为本，但客观主义仍享有重要的地位。

（三）主观与客观的动态平衡

客观主义与主观主义是刑法史上先后出现的两种基本流派。客观主义在前，主观主义在后，这并不意味着先出现的理论就是过时的理论，也不意味着后来的理论完全代替了先前的理论。主观主义者和客观主义者各自探索到了刑法的一个重要特征，可惜都认为自己掌握的才是唯一真理，并试图用自己的理论来解释和支配刑法中的所有问题，从而出现了两派对立的局面。丹麦刑法的发展历程告诉我们，客观主义不能完胜，主观主义不会全败，二者平衡是必然的趋势。丹麦刑法的实践同时还告诉我们，主观主义与客观主义的平衡不是静止的，而是动态的。“主客观相统一实质上是主观主义与客观主义这一矛盾体得以存在的场所与前提，在主观主义与客观主义的对立之中达到了一种相对动态的主客观相统一。观念、思维、文化潮流的这种动态平衡恰似在地面上旋转的陀螺，它的中轴线在绝大多数时候与重心线有一定角度的偏离，而且为保持平衡，其偏离的角度和方向也处于持续的调整和变化之中，而所谓的‘不偏不倚’的中间状态，只是从一种倾向到另一种倾向的转换过程中的一瞬间。”① 这种动态平稳有两个特点：

第一，时期不同，两种学派所处的地位不同。在某个时期可能主观主义处于优势，另一个时期可能客观主义处于优势，一切由社会治安状况、政治经济形势、人们的思想意识等多种因素相互博弈来决定。最初，振幅较大，随着时间的推移，振幅会逐渐缩小，绝对平衡是短暂的。

第二，对象不同，两种学派所处的地位不同。对累犯、惯犯、青少年犯、精神缺陷者，主观主义明显处于优势；对初犯、偶犯、

① 参见齐文远、周详：《对刑法中“主客观相统一”原则的反思》，载《法学研究》2002 年第 4 期。

激情犯、过失犯客观主义明显处于优势。换言之，两者各自有自己的“势力范围”，一方想完全“吃掉”另一方是困难的。

（四）防止极端主义

不少人认为，折中意味着中庸，没有立场。事实上极端主义更为危险，众所周知，极端的主观主义因易于侵犯人权而广受批判。同样地，极端的客观主义不可避免会放纵犯罪，难以防卫社会，与福利社会要为社会提供最大福利的意旨相悖。认识到极端主观主义的危害，对其进行一定程度的回调是必要的。但决不能因此彻底否定它，从而滑向另一个极端——极端的客观主义。刑事法律既关系到违法犯罪者的权利，更牵涉到普通百姓的生命财产安全，极端的主观主义或极端的客观主义同样会造成难以想象的恶果。社会防卫与个人自由、主观主义与客观主义、犯罪人原则与犯罪原则不是一山不能容二虎的关系。①

齐文远　魏汉涛

二〇一一年早春于南湖

---

① 当前我国有学者认为，主观主义着眼于犯罪人的危险性格，客观主义关注于客观的犯罪行为，两者的根源不同，因而两者是不可调和的关系。故此，要么赞成主观主义，要么主张客观主义，不可能骑墙。笔者不赞成这种主张。对某一具体问题在特定的场合不能同时采用主观主义和客观主义，不等于对不同问题不能采取不同的立场，也不等于对同一问题的不同阶段不能接纳不同的观念。事实上，犯罪及其预防是一个极其复杂的系统工程，涉及各种各样的问题，存在多个环节，完全有可能也有必要根据不同领域、不同时期的需要采取不同的立场。想用一种理论贯穿所有问题的所有环节是不可能的，一意孤行的结果必然通向诡辩的胡同，陷入极端主义的泥潭。

刑　法[①]

根据2005年9月27日第909号议案，
于2005年12月21日第1389号法案和第1400号法案修改

第一个普通丹麦刑事法典包含在1683年制定的《丹麦法》第六篇之中。18世纪和19世纪初，民众对《丹麦法》第六篇的不满增强。面对对这部法律的批评，政府不得不制定了一系列新的法令，但直到1866年，一部全面的刑法典才被通过，1683年《丹麦法》随之被废止。

在1866年刑法典实施约30年后，由于新的更生改造观念与治疗犯罪人观念的出现，需要用一部分新法律替代它。为此，两个专门委员会和卡尔·托尔普（Carl Torp）教授作了充分的准备工作，先后起草了三份刑法草案，分别于1912年、1917年、1923年公布。现行刑法是1930年通过，并于1933年1月1日起施行的1930年刑法典。

自1930年刑法典施行以来，已进行了90多次的修改，以至于

① 丹麦王国由丹麦、格陵兰岛、法罗群岛三部分组成，其中格陵兰岛和法罗群岛是自治地方，有自己的刑法典。本法只适用于丹麦。丹麦历史上一共出现过三部刑法，分别是1683年刑法、1866年刑法和1930年刑法。现行丹麦刑法是1930年刑法。本法的所有注释都是译者所加，以下不再说明。

很少有条款与最初通过时的条款完全一致。自1949年后，刑法常务委员会就准备对该法典进行一些重大的修改。最重要的一次修改发生在20世纪70年代，那时许多特殊的制裁措施被废止，如适用于青少年的教养院、适用于精神病人的拘留所、适用酗酒成性的人的劳动救济所。2001年，一部特殊制裁措施执行法的颁布实施，使以前由刑法典规定的许多条款转移到了矫治法中。1930年刑法典的历次修改中，“特殊部分”的许多修改源自新的经验、新技术、新的社会状况，其他修改根源于一些新的观念，这些观念着重考虑哪些行为应当处罚。

关于刑法典的进一步详细介绍，请参阅拉尔斯·博·拉格斯德(Lars Bo Langsted)、彼德·咖德(Peter Garde)、汪·格雷沃(Vagn Greve)共同著写的《刑法学》(第二版)，该书于2004年出版。

第一篇 总 则

第一章 序言性规定

第一条 只有法律明确规定可罚的行为或完全类似的行为，才能受到刑罚处罚。同样的规则适用于本法第九章规定的其他法律后果。①

第二条 除非有其他特别规定，本法第一章至第十一章的规定适用于所有可罚的犯罪行为。

第二章 刑法条款适用的一般条件

第三条 当审判时关于某一行为有效的刑事法律与犯罪时有效的刑事法律不同时，关于可罚行为的性质以及刑罚的适用应根据最近的法律来确定，除非适用新法的法律后果比适用旧法的法律后果更严厉。如果具体犯罪与旧法废除的原因没有任何关联，则犯罪行为仍应依据旧法处理。

除上述第一款规定的情形以外，如果一个已经判决的行为不再具有可罚性，任何适用于该行为且尚未执行的刑罚应该免除。通过公诉机关，已决犯人可以向第一审法院提出免除刑罚的请求。法院应以命令的形式作出裁决。

第四条 可罚行为是否应适用本法第五十六条至第六十一条、第六十二条至第七十条、第七十三条至第七十九条规定的法律后

---

① 指刑罚处罚以外的法律后果，具体内容参见本法第九章。

果，应依审判时有效的法律来决定。

除非有其他特别规定，其他法律后果的适用只有行为时有效的法律也有相应规定时才能适用。

如果其他法律后果是由可罚行为所直接导致的，本法第三条第（二）项的规定同样适用于这些其他法律后果。

第五条 当对累犯规定了加重处罚或规定了适用其他法律后果的情况时，按照以前的法律作出判决时，应与该行为及时受到处罚的后果保持一致。

第六条 下列犯罪行为，丹麦行使刑事管辖权：

（一）犯罪发生在丹麦领域内；或

（二）犯罪发生在根据国际法属于所有国家共有的领域的丹麦籍船舶或航空器上；或

（三）犯罪发生在依据国际法属于外国领域的丹麦籍船舶或航空器上，如果犯罪行为由船舶或航空器上的雇员或乘客实施。

第七条 具有丹麦国籍的人在丹麦领域外犯罪，或居住在丹麦的人①在丹麦领域外犯罪，以下情况丹麦也行使刑事管辖权：

（一）当犯罪行为发生在根据国际法属于所有国家共有的领域，如果这种行为应处以 4 个月以上监禁；

（二）当犯罪行为发生在外国领域内，如果该行为根据行为地的法律也应受到刑罚处罚。

上述第一款的规定同样适用于国籍是芬兰、冰岛、挪威、瑞典，以及居住在这些国家的人在国外实施犯罪，但出现在丹麦。

涉及上述第一款第（二）项的情形，行为时具有丹麦国籍或居住在丹麦的人在丹麦领域外犯罪，即使行为在行为地不认为是犯罪，但只要符合本法第二百四十五条之一、或因与第二百四十五条之一相关而符合第二百四十六条之规定，也适用丹麦刑法。

第八条 下列在丹麦领域以外实施的犯罪，丹麦也行使刑事管辖权，不管犯罪人的国籍如何：

---

① 只有从丹麦当局取得黄卡（相当于中国的身份证）的人才属于在丹麦居住的人。

（一）侵犯了丹麦的独立、安全、宪法、公共当局，侵犯了丹麦的国家利益或因个人与丹麦国家的关系而需要法律保护的个人利益；

（二）违反了法律要求犯罪人在国外应遵守的义务，或违反了要求履行的关于船舶和航空器的义不容辞的官方授予的职责；

（三）犯罪行为发生在根据国际法属于所有国家共有的领域，侵害了丹麦国籍或居住在丹麦的人的利益，如果该行为应处 4 个月以上的监禁；

（四）符合本法第一百八十三条之一的规定，以及因违反本法第一百八十三条之一，而同时违反本法第二百三十七条、第二百四十四条至第二百四十八条之规定；

（五）属于丹麦加入并承担义务的国际公约范围内的犯罪；

（六）在拒绝引渡到外国的情况下，如果行为根据国际法在国外实施，根据行为地的法律该行为应受到刑罚处罚，并且根据丹麦法律，该行为应处 1 年以上监禁。

第九条 当一个行为的性质取决于或受已经发生、意图发生的结果影响时，结果发生地或意图发生结果地，视为行为实施地。

第十条 根据上述条款进行的刑事诉讼，适用刑罚或其他法律后果时，应依据丹麦法律。

上述第七条第一款、第二款涉及的行为，根据国际法如果犯罪在外国发生，对犯罪的处罚不应比适用行为地的法律更严厉。但如果行为符合本法第二百四十五条之一，或因与第二百四十五条之一相关而符合第二百四十六条之规定除外。

第十条之一 一个被行为地的法院宣判有罪的人，或者一个受到了《刑事判决国际效力欧洲公约》或《引渡条约》所涵盖的判决的人，如果属于下列情形，不应因同一行为在丹麦再受到起诉：

（一）他最终被宣告无罪；或

（二）适用的刑罚已经执行完毕，或刑罚根据审判地的法律被免除；或

（三）尽管他被宣告有罪，但没有处以刑罚处罚。

上述第一款的规定不适用于下列情况：

（一）符合本法第六条规定的行为；或

（二）涉及本法第八条第（一）项的行为，除非行为地法院的诉讼是应丹麦公诉机关的要求启动的。

第十条之二 任何人在国外受到起诉，已经因同一行为在国外受到刑事处罚，应根据外国判决的执行情况减轻处罚。

第十一条 如果具有丹麦国籍的人或居住在丹麦的人因某行为在外国已经受到刑罚处罚，依照丹麦法律，还应剥夺职务或其他权利、禁止从事某些职业，这些职务或权利在丹麦仍应剥夺。

第十二条 本法第六条至第八条的适用服从国际法的适用规则。

第三章 刑事责任的条件

第十三条 对已经着手或迫在眉睫的不法侵害进行自我防卫，如果这是避免或抵御不法侵害所必需的，且从不法侵害的危险性、侵害人、不法侵害危及利益的重要性判断没有明显超过合理界限，则不具有可罚性。

任何人超过自我防卫的限度，但如果他的行为是由于犯罪行为引起的恐惧、兴奋所致，不受刑罚处罚。

同样的规则适用于以合法的方式执行合法的命令、逮捕、预防囚犯或收容于管教机构中的人逃跑。

第十四条 通常具有可罚性的行为，如果是为了避免人身或财产遭受损害威胁所必要的，或者犯罪相当轻微危害不大，则不处罚。

第十五条 十五周岁以下的未成年人实施的侵害行为不负刑事责任。

第十六条 行为时行为人由于精神疾病、相当于精神疾病的状态、严重的精神缺陷而没有责任能力，不处罚。如果被告犯罪时由于饮酒、吸毒而暂时处于精神疾病状态、或相当于精神疾病状态，在特殊情况下可能承担刑事责任。

行为人在行为时处于部分精神缺陷，除特殊情况外，不处罚。

同样的规则适用于行为人在相当于精神缺陷状态下实施的行为。

第十七条　（废止）。

第十八条　（废止）。

第十九条　本法规定的犯罪，除有特别规定以外，过失不处罚。其他法律规定的犯罪，即使是过失实施的，应处以适当的刑罚，除非有相反的规定。①

第二十条　当一种处罚或加重处罚以故意行为导致了故意之外的结果为条件时，仅在被告对这一结果有过失，或已经意识到这种危险后，未能尽其所能地避免这种结果发生时，这种处罚或加重处罚才能适用。

第四章　未遂与共犯

第二十一条　为犯罪创造条件的行为，或为完成犯罪而实施的行为，如果犯罪最终没有完成，以犯罪未遂处罚。

在未遂的情况下，特别是有证据表明犯罪的意图不是很强烈、不是很坚决时，可以从轻处罚。

除非有其他特别规定，只有法定最高刑在4个月以上监禁的犯罪，未遂才处罚。

第二十二条　如果犯罪人自愿而不是由于偶然的障碍放弃了犯罪意图、阻止了犯罪的完成，或者采取了本已阻止犯罪完成的措施，但由于犯罪人意志以外的缘故没有避免危害结果的发生，则未遂不处罚。

第二十三条　适用于某一犯罪的刑罚也适用于以煽动、建议、实际行动的方式促成这种犯罪实施的行为。如果只是意图对犯罪给予微小的帮助，或者增强已经存在的犯罪意图，并且犯罪没有完成

① 由于绝大部分法定犯规定在刑法典之外的特别刑法中，在特别刑法中只有极少数犯罪限于故意，而大量的犯罪，特别是金融领域的犯罪，限于过失。See Lars Bo Langsted, Peter Garde, Vagn Greve, *Criminal Law*, 2nd. edition, DJØF Publishing 2004, p. 58.

或意图给予的帮助未能成功，可以减轻处罚。

某种特殊法律关系之外的人促使这种法律关系中的人违反职责，刑罚也可以减轻。

除非有其他特别规定，当一个犯罪的法定最高刑为4个月以下监禁时，如果共犯人只是意图给予微小的帮助、增强一个已经存在的犯罪意图，或帮助行为是基于过失，则共犯人可以免除处罚。

第二十四条 在本法第二十二条规定的条件下，如果共犯人阻止了犯罪的完成，或者已经采取了本应已阻止犯罪完成的措施，但由于行为人意志以外的原因而没有避免结果的发生，则共犯人不处罚。

第五章 法人①的刑事责任

第二十五条 如果法律以及附随的规定对法人的处罚有明确规定，对法人可以处罚金。

第二十六条 除非有其他特别规定，关于法人刑事责任的规定适用于股份公司、合作式社团、合伙式企业、协会、基金会、资产评估机构、市政府、国家当局。

不仅如此，从规模、组织形式判断，如果一个独资企业相当于上述第一款涉及的法人，那么关于法人刑事责任的规定也适用于这一独资企业。

第二十七条 法人的刑事责任以犯罪行为的实施是由法人内部的与法人相关的一人或多人的过错为条件，或以法人本身的过错为条件。至于未遂，本法第二十一条第三款的规定同样适用。

国家机关或市政机关仅在像自然人或法人一样履行其职责的过程中实施犯罪行为时，才承担刑事责任。

第二十八条 （废止）。

第二十九条 （废止）。

---

① 这里的法人并不限于民法中的法人，实际上是法律拟制的人，范围较广，具体范围参见本法第二十六条。

第三十条（废止）。

第六章 刑 罚

第三十一条 普通刑罚有监禁和罚金。

第三十二条 （废止）。

第三十三条 监禁有终身监禁和确定期限的监禁两种，其中确定期限的监禁的期限不得少于7天，不得超过16年。

当对某种犯罪规定了加重处罚时，监禁的期限最高可以达到20年。

犯罪时未达到十八周岁的未成年人，处罚不能超过8年监禁。

当判处监禁的期限低于3个月时，应以天为单位计算，其他情况以月、年为单位计算。

第三十四条 （废止）。

第三十五条 （废止）。

第三十六条 （废止）。

第三十七条 （废止）。

第三十八条 当已经执行完监禁期限的2/3，且不少于2个月时，司法部长或司法部长授权的人应决定对犯罪人是否假释。

如果犯罪人至少已执行完监禁期限的一半，且不少于2个月，在特殊情况下司法部长或司法部长授权的人可以决定提前假释。

当剩余刑期不足30天时，通常不得假释。

依照本法第五十八条第一款之规定，判决中的无条件监禁部分不得假释。

在决定是否假释时，不仅要从犯罪人的具体情况考虑假释是否可取，而且要考虑犯罪人的居住、工作及其他与犯罪人生活密切相关的情况，还应考虑犯罪人是否能遵守依据本法第三十九条第二款规定的假释条件。

第三十九条 假释以假释犯在假释期间不犯新罪为条件，假释期限不超过3年。余刑在3年以上的，假释期限不超过5年。

作为假释条件，应该规定假释犯在整个或部分假释期间接受监督，并且还应根据本法第五十七条规定假释条件。关于要求居住在医院、中途之家①或其他设施内的条件仅在剩余刑期内有效。

第四十条 假释期间，当假释犯实施了新的可罚行为，并且针对这一行为的诉讼程序在假释期满前启动，法院应依照本法第六十一条第二款的规定作出判决，以便原判刑罚的剩余部分作为附条件的刑罚对待。依照本法第四十条之一第三款、第四款之规定，当假释包含了社区服务这一条件时，法院在决定适用于前罪与新罪的共同刑罚时，应考虑已经执行的社区服务的情况。

此外，当假释犯违反了规定的假释条件时，司法部长可以：

（一）警告他；或

（二）修改假释条件，并在本法第三十九条规定的假释期限内延长假释期限；或

（三）特殊情况下可以决定重新收监，执行余刑。

当假释犯在假释期间实施了新的可罚行为，但没有被起诉，上述第二款的规则同样适用。假释犯在假释期间因实施了新的可罚行为在国外被宣告有罪，且判决中没有就剩余刑期的执行作出决定，上述第二款的规则同样适用。

与上述第二款、第三款相关的决定只能在假释期满前作出。

如果没有依据上述第一款、第二款、第三款就刑罚的执行作出决定时，刑罚视为在假释期间已执行完毕。

如果依照上述第二款、第三款决定重新收监时，即使本法第三十八条第一款、第二款，或本法第四十条之一第一款规定的关于执行剩余刑期的时间条件没有满足，再次假释也是可能的。在决定再次假释过程中，应考虑犯罪人已经执行的，依照本法第四十条之一第三款、第四款规定的社区服务。至于这种假释的期限，仍应依照本法第三十九条确定假释期限，但应减去以前已执

① 国家建立了专门的机构和设施，对即将刑满释放的人员进行管教，以便犯罪人释放后能顺利回归社会。中途之家就是这样一种设施，一般而言，中途之家中限制条件较少，犯罪人比较自由。

行的假释期限。

第四十条之一 在不属于本法第三十八条第二款规定的情况下，当已经执行完监禁期限的一半，且不少于4个月时，司法部长或司法部长授权的人可以决定假释，只要

（一）犯罪人为不重新犯罪作出了特殊的努力，包括参加治疗、教育计划；或

（二）犯罪人的具体需要支持假释。

依据上述第一款之规定的假释，作为假释条件，在原判刑期的2/3以内犯罪人应受到监督。在这一时间点以后，可以将继续监督作为假释条件。

依据上述第一款第（一）项的假释，可以根据本法第五十七条另外增加两个假释条件，并且假释犯应进行社区服务。

依据上述第一款第（二）项的假释，假释犯应执行无报酬的社区服务，还可以根据本法第五十七条规定其他假释条件。

社区服务的期限不得超出原判刑期的2/3这一时间点。如果有特殊理由，监督机关可以决定社区服务的期限超过这一时间点，但不能超出整个刑期。

依据本条之规定决定是否假释时，不仅要从犯罪人的具体情况考虑假释是否可取，而且要考虑犯罪人的居住、工作及其他与犯罪人生活密切相关的情况，还应考虑犯罪人是否能遵守依据上述第三款、第四款规定的假释条件。

本法第三十八条第四款、第三十九条第一款和第二款第三句、第四十条、第六十三条第一款第一句的规定同样适用。

第四十一条 当终身监禁犯已执行满12年，司法部长有权决定是否假释。

在决定是否假释时，不仅要从犯罪人的具体情况考虑假释是否可取，而且要考虑犯罪人的居住、工作及其他与犯罪人生活密切相关的情况，还应考虑犯罪人是否能遵守依据本条第三款第三句规定的假释条件。

这种假释应以假释犯在假释期间不实施任何可罚行为，并且应遵守已经规定的假释规定为条件。假释期不超过5年。本法第五十

七条的规定同样适用。

第四十二条 假释期间，当终身监禁的假释犯实施了新的可罚行为，并且针对这一行为的诉讼程序在假释期满前启动，法院应决定重新收监执行终身监禁。在适当的情况下，法院可以只对新罪作出判决，但也可以在对新罪作出判决的同时改变假释条件。

此外，当假释犯违反假释条件，与本法第四十一条第三款相关的第四十条第二款至第五款的规定同样适用。

第四十三条 当一个判决部分或全部以暂缓执行为条件而被免除时，同样适用本法第四十条第一款至第五款或第四十二条规定的缓刑条件。

第四十四条 （废止）。

第四十五条 （废止）。

第四十六条 （废止）。

第四十七条 （废止）。

第四十八条 （废止）。

第四十九条 （废止）。

第五十条 罚金应以金钱计算。

当犯罪人通过犯罪行为为自己或他人获取利益，或意图获取利益时，罚金可以作为其他刑罚的附加刑。

被处以罚金的人不能要求他人代为支付或缴纳罚金。

第五十一条 当法院依照本法适用罚金时，应采用日罚金制；当罚金作为其他法律后果的附加刑时，不适用日罚金制。日罚金的期限为1天以上60天以下，根据犯罪的性质以及本法第八十条之规定确定。日罚金一天的金额根据犯罪人通常一天的收入来确定，在确定这一金额时应考虑犯罪人的生活条件，包括资本收入、家庭责任以及其他影响支付能力的情况。但日罚金一天的数额不得少于2丹麦克朗。

当犯罪人通过犯罪为自己或他人获取或意图获取相当大的经济利益时，如果适用日罚金只能处以较小的罚金数额，鉴于犯罪人已经取得或意图取得的利益特别巨大，法院可以不以日罚金的形式确定罚金数额。

在以其他形式确定罚金时，应考虑犯罪性质、本法第八十条之规定涉及的情况、犯罪人的支付能力、犯罪人获取或意图获取的利益。

警察以及其他公共机构可以为日罚金的确定进行必要的调查。此外，当警察发现公共登记机关持有的、有关犯罪人的信息对确定罚金数额重要时，警察可以要求这些公共机关，包括法院提供。查询的通告应以书面形式发布，或直接进行数据转移。

第五十二条　（废止）。

第五十三条　如果犯罪人不能按时缴纳罚金，应替代为监禁刑。

第五十四条　当法院适用罚金时，法院应同时为罚金确定替代为监禁刑的期限。如果罚金是以日罚金的形式确定的，在计算替代为监禁刑的期限时，替代为监禁刑的期限应等于日罚金的天数，但替代为监禁刑的期限不得少于 2 天。如果罚金是以其他形式确定的，替代为监禁刑的期限不得少于 2 天，不得超过 60 天。但特殊情况下，替代为监禁刑的期限可以增加到 9 个月。

如果罚金的一部分已经支付，替代为监禁刑的期限应相应减少。但剩余替代监禁的刑期以天为单位，且不能少于 2 天。如果罚金的一部分已经以替代为监禁刑的方式执行，且犯罪人愿意支付剩余的部分，在计算剩余罚金的数额时，已经以监禁刑的方式替代执行的部分只能以整天为单位计算。

适用于法人的罚金未能支付时，不能替代为监禁刑。

第五十五条　10000 丹麦克朗及以下的罚款单，在警察的要求下，依照下表规定的期限替代执行：

罚金数额	替代为监禁刑的期限
0—499 丹麦克朗	2 天
500—999 丹麦克朗	4 天
1000—3999 丹麦克朗	6 天
4000—5999 丹麦克朗	8 天
6000—10000 丹麦克朗	10 天

其他非法院适用的罚金，替代为监禁刑时，由对行为人居所地

或生活地有管辖权的法院确定。

本法第五十四条第一款和第二款的规定，这里同样适用。

第七章 缓 刑

第五十六条 当法院发现没有必要执行刑罚时，判决应暂缓确定刑罚的内容，经过一定的缓刑期后免除。

如果法院认为更为适当，可以确定一个刑罚，同时决定暂缓执行，经过一定的缓刑期后免除。

缓刑判决应以已决犯在缓刑期间不实施可罚行为，并遵守依照本法第五十七条的缓刑规定为条件。缓刑期由法院规定，通常不超过3年；特殊情况下，缓刑期可以长达5年。

第五十七条 作为缓刑条件，法院应规定犯罪人在整个或部分缓刑期内应接受监督。不仅如此，如果法院认为适当，可以制定其他缓刑条件，要求犯罪人遵守以下条件：

（一）遵守关于居住地、工作地、受教育地、空余时间的支配、与特殊人的联系等特殊条件；

（二）居住到适当的中途之家或管教设施内；判决应确定居住在这些机构中的期限，通常不超过1年；

（三）禁止滥饮酒、使用麻醉品或其他相似的医疗物品；

（四）服从对嗜酒成性、麻醉品或其他相似的医疗物品成瘾的治疗，如果认为必要，可以收容于医院或特殊机构内；

（五）服从为嗜酒成性精心安排的、受到控制的为期至少1年的治疗；

（六）服从精神病治疗，如果认为必要，在医院治疗；

（七）遵守缓刑服务部门关于控制收入和资本的限制，履行自己的经济义务；

（八）赔偿由于他的犯罪行为引起的损失；

（九）依据市政当局的决定，服从依照《社会服务法》第四十条规定的措施；特殊情况下，遵守市政当局给予犯罪人的指导。

第五十八条 如果认为对犯罪人监禁是必要的，而犯罪人的特殊情况却要求适用缓刑，依照本法第五十六条之规定，法院可以决定，刑罚的一部分（不超过6个月）立即执行，剩余部分暂缓执行。

根据犯罪人的特殊情况，罚金也可以和缓刑一起联合适用①，即使法律没有就相关犯罪配置罚金刑。

第五十九条 在公诉机关或已决犯人的申请下，依据本法第五十七条规定的缓刑条件后来可以以法院命令的方式修改或取消。已决犯人的申请应通过公诉机关提出，公诉机关应尽快将已决犯的申请向法院提出。当已决犯的申请没有得到法院支持时，从法院宣布决定之日起6个月内不得再提出新的申请。

上述第一款涉及的申请可以向作出一审判决的市政法院提出，也可以向对犯罪人居住地或生活地有管辖权的市政法院提出。如果第一审法院是高等法院，则可以向对犯罪人居住地或生活地有管辖权的市政法院提出。

第六十条 当已决犯违反了依照本法第五十七条规定的缓刑条件时，法院可以采取如下处置措施：

（一）警告他；或

（二）以命令的形式修改缓刑条件，或在本法第五十六条第三款规定的限度内延长缓刑期限；或

（三）如果原判决是暂缓确定刑罚的内容，可以以判决的形式对实施的犯罪处以刑罚或其他法律后果；如果原判决是暂缓执行已经确定的刑罚，可以以判决的形式决定立即执行。本法第五十八条第一款的规定这里同样适用。

上述第一款涉及的司法裁决，以类似于本法第五十九条第二款规定的方式确定管辖法院。

第六十一条 缓刑期限届满前，发现缓刑判决以前犯罪人还有可罚行为未经处理，且针对这一可罚行为的诉讼程序已经启动，法院应就漏罪和已经宣判的犯罪作出判决。

---

① 意指将监禁刑的一部分立即执行，余下部分暂缓执行，但要替换成罚金。

在缓刑期间，犯罪人又实施了新罪，且在缓刑期限届满前针对新罪的诉讼程序已经启动，法院应就新罪和已宣判的犯罪适用一个立即执行的刑罚或其他法律后果。本法第八十八条第二款至第四款的规定这里以相似的方式适用。在适当的情况下，法院可以按如下规定处理：

（一）仅就新罪作出立即执行的判决，同时修改缓刑判决的缓刑条件；或

（二）依据本章或下一章的规定，对两个犯罪适用另一种缓刑，或仅就新罪适用另一种缓刑。

第六十一条之一　（废止）。

第八章　社区服务①

第六十二条　如果法院认为依据本法第五十六条和第五十七条之规定适用缓刑不充分，且发现犯罪人适合适用社区服务，可以决定将社区服务作为缓刑的条件。

暂缓监禁的决定应依照本法第五十六条第一款和第二款的规定作出。

以社区服务为条件的缓刑仅以犯罪人在缓刑期间不实施犯罪，并遵守依照本法第六十三条规定的缓刑条件为条件。

第六十三条　作为暂缓监禁的条件，法院应要求犯罪人履行无报酬的、为期最少30小时最多240小时的社区服务。强制的义务劳动应在确定的期限内执行，这一期限的确定应依义务劳动的总时间与每天应工作的时间来确定。

在特殊情况下，监督机关可以延长上述第一款确定的最高社区服务期限，但这一期限不能超过缓刑期。监督机关决定延长社区服务最高期限的，在犯罪人要求下必须向法院提出。

对以社区服务为条件的缓刑，法院可以确定一个最高不超过2

---

① 社区服务是短期监禁刑的替代措施，实践中被处以1年以下监禁的犯人可以适用社区服务。社区服务仍被视为是一种缓刑。

年的缓刑期。当执行社区服务的最高期限届满时，可以决定缓刑期终止。

缓刑期内犯罪人应接受监督。另外，如果认为适当，法院还可以依照本法第五十七条确定缓刑条件。当履行社区服务义务的最高期限届满时，终止监督，依照本法第五十七条规定的条件不再继续执行，除非有其他特别规定。

第六十四条　与以社区服务为条件的缓刑判决相关，法院可以依据本法第五十八条之规定适用立即监禁和罚金。但依据本法第五十八条第一款规定的立即监禁部分不得超过3个月。

第六十五条　本法第五十九条关于修改和废除缓刑条件的规定，以相似的方式适用于以社区服务为条件的缓刑（依照本法第六十三条之规定）。

第六十六条　当犯罪人未能执行社区服务，或违反其他条件，法院可以采取以下措施：

（一）对犯罪人适用立即监禁；或

（二）维持缓刑判决，但在本法第六十三条规定的期限内延长最高社区服务期限和缓刑期。

依据上述第一款适用立即监禁，本法第五十八条第一款可以适用。其中延缓执行部分应以社区服务代替，并且还应依据本法第六十三条第四款规定的缓刑条件。除此之外，法院还可以处以不超过3个月的立即监禁，加上上述的社区服务。

在决定依据上述第一款适用立即监禁时，法院应考虑犯罪人已经执行社区服务的情况。法院可以依据本法第五十六条第二款减轻处罚。

关于撤销缓刑立即执行监禁的决定应以法院判决的形式作出，其他决定应以法院命令的形式作出。本法第五十九条第二款的规定同样适用。

第六十七条　以社区服务为条件的缓刑犯人，在判决有漏罪，或判决后有新罪受到起诉的情况，本法第六十一条的规则同样适用。

如果依据本法第五十八条第一款或第六十一条第二款第（一）

项适用部分立即执行的缓刑，依据本法第七章的规定，刑罚的剩余部分应以社区服务替代。除了上述规定外，法院还可以处以一个为期不超过3个月的监禁，加上一个社区服务的判决。

本法第六十六条第（三）项之规定同样适用。

第九章　可罚行为的其他法律后果

第六十八条　当被告因符合本法第十六条被宣告无罪时，法院可以适用预防其进一步犯罪所必要的其他措施。如果法院认为非极端措施，如监督、收容于中途之家、瘾癖治疗或精神病治疗中心等，都不足以起到预防效果，法院可以决定将犯罪人收容到精神病医院、关押严重精神缺陷者的机构，或者投入有适当监护的精神病看护所、有适当监护的中途之家或机构。如果符合本法第七十条之规定，安全监护也可以适用。

第六十八条之一　当依据本法第六十八条，或由于第七十二条而适用第六十八条，将犯罪人收容于一种设施内，或者适用的强制措施具有收容于设施内的可能性，判决应对这种措施确定一个最长不得超过5年的期限。这一最长期限也适用于由于本法第六十八条而适用第七十二条之规定确定的强制措施，也适用于最初确定的强制措施被减轻后的强制措施。判决确定的最大期限届满，在特殊情况下，根据公诉机关的要求，法院可以以命令的形式重新确定一个为期2年的最大期限。

但是，如果犯罪人实施了杀人、抢劫、剥夺自由、严重的暴力犯罪、威胁使用本法第二百六十六条涉及的行为、放火、强奸以及其他严重的性犯罪，或者上述犯罪的未遂，通常不规定处罚措施的最大期限。如果判决没有规定处罚措施的最大期限，从法院作出决定之日起5年内，公诉机关应向法院提出修改或终止这一措施的问题，除非在最后2年内这一问题已向法院提出过。此后，这一问题每2年向法院提出一次。

除了上述第一款规定的措施以外，其他措施的最大期限不得超过3年。在特殊情况下，根据公诉机关的要求，法院可以以命令的形式延长这一最大期限，但延长后整个期限不得超过5年。

第六十九条　当犯罪人行为时处于不能完全控制和辨认自己行为的状态，或他的认识能力受到损坏、处于紊乱状态，尽管不属于本法第十六条规定的情形，如果认为适当，法庭可以决定适用本法第六十八条第二句涉及的处罚措施来替代刑罚。

第六十九条之一　依据本法第六十九条适用一种处置措施，将犯罪人收容于设施内，或这种措施具有收容于设施内的可能性，应为这种措施规定一个最高不超过5年的期限，其中在设施内的最高期限通常不超过1年。5年的最高期限也包括后来由于第六十九条和第六十八条第二句而适用第七十二条之规定，导致最初确定的处置措施被减轻的情况。判决确定的最大期限届满，在特殊情况下，法院可以根据公诉机关的要求以命令的形式，确定一个为期2年的新的最大期限，或一个收容于设施内的新的最大期限。

但是，如果发现犯罪人实施了杀人、抢劫、剥夺自由、严重的暴力犯罪、威胁使用本法第二百六十六条涉及的行为、放火、强奸以及其他严重的性犯罪，或者上述犯罪的未遂，通常不规定处置措施的最大期限。第六十八条第二款第二句和第三句规定的期限同样适用。

除了上述第一款规定的措施以外，其他处置措施的期限不得超过3年。特殊情况下，根据公诉机关的要求，法院可以以命令的形式延长这一期限，但延长后整个期限不得超过5年。

第七十条　符合下列条件，法院可以命令将一个人收容于安全囚室：

（一）发现他构成杀人、抢劫、剥夺自由、严重的暴力犯罪、威胁使用本法第二百六十六条涉及的行为、放火，或者上述各种犯罪的未遂：并且

（二）从实施犯罪行为的性质以及获取的关于犯罪人性格的信息，特别是他的犯罪记录来看，明显具有危及他人生命、人身、健康、自由的危险；并且

（三）使用安全监护替代监禁是避免这种危险所必要的。

不仅如此，当符合下列条件时，法院也可以命令将一个人收容

于安全囚室：

（一）发现他构成强奸或其他严重的性犯罪；

（二）从实施犯罪行为的性质以及获得的关于他性格的信息，特别是他的犯罪记录来看，明显具有危及他人生命、人身、健康、自由的危险；且

（三）使用安全监护替代监禁是避免这种危险所必要的。

第七十一条 依据本法第六十八条至第七十条之规定，法院命令将被告收容于一个设施内或安全囚室内时，应委任一个共同监护人。共同监护人优先从犯罪人的直接家庭成员中委任，在执行中共同监护人应给予被告帮助。

如上述第一款涉及的一样，当法院命令将被告收容于安全囚室或一个设施内，或一个判决具有这种可能性，应为被告委任一个共同监护人。共同监护人应了解犯罪人的状况，并判断收容于设施内或其他措施是否不再需要。当对犯罪人的处置措施结束时，共同监护人的委任结束。

司法部长应就共同监护人的委任、补偿、职责以及具体权利制定明确的规定。

第七十二条 判断依据本法第六十八条、第六十九、第七十条规定的措施在期限上是否需要维持那么长、程度上是否需要维持那么严厉，是公诉机关的职责。

修改或最终终止依据本法第六十八条、第六十九条、第七十条规定的处罚措施的决定，应以法院命令的形式，在被告、共同监督人、公诉机关、收容机构的管理部门、监狱服务部门的申请下作出。犯罪人或共同监督人的申请以及收容机构的管理部门和监狱服务部门的申请应通过公诉机关提出，公诉机关应尽快将这些人的申请向法院提出。当犯罪人或共同监督人的申请没有得到法院的支持，自法院宣布决定之日起，犯罪人或共同监督人在6个月内不得提出新的申请。

本法第五十九条第二款之规定同样适用于上述第二款作出的裁决。当由于犯了新罪而需要改变对犯罪人的处罚时，由审理新罪的法院决定。

第七十三条　当一个已经实施了犯罪的人在犯罪后，判决确定以前，严重处于本法第十六条或第六十九条涉及的状态，法院应决定刑罚是应适用还是免除。如果认为适当，法院可以决定适用本法第六十八条、第六十九条规定的措施来替代刑罚，直到可以执行刑罚为止。

本法第七十一条至第七十二条之规定这里同样适用。

依照上述第一款第二个句子的规定将犯罪人收容于设施内，如果后来对犯罪人处以刑罚时，确定刑期的长度时应考虑在设施内居住的期限。

第七十三条之一　经与社会福利部长和公共健康部长协商，司法部长应制定允许犯罪人离开设施内的规定。司法部长可以决定，依据这些规定作出的决定不允许向上一级行政机关申诉。

第七十四条　（废止）。

第七十四条之一　当一个犯罪时未满十八周岁的人实施了严重危及人身的犯罪或其他严重犯罪，只要认为是预防进一步犯罪所必要的，法院就可以决定对其进行为期2年的、精心安排的、受到控制的社会教育治疗。

法院可以为这类犯罪人规定类似于本法第五十七条规定的条件，收容于居住设施①或适当设施内的最长期限为一年零六个月，包括收容于为孩子或未成年人设置的安全囚室中最长2个月的期限。当一个接受上述第一款规定的处罚措施的人犯了新罪，法院可以延长这一措施的期限来代替刑罚，最长可以延长6个月，包括延长上述设施内最长一年零六个月的期限。

犯罪人可以要求法院重新审查关于转移到孩子和青少年居住机构中的安全囚室的决定，以及从设施外的治疗转移到孩子和青少年居住的设施内或其他适当地方的治疗的决定。当判决确定在设施内的期限届满时，如果社会福利机关决定继续将犯罪青少年收容在设施内，犯罪青少年同样可以请求法院重新审查这一决定。法院应以命令的形式作出最终裁定。请求法院审查的申请不具有推迟执行管

① 一种管教机构。

教机关决定的效力。本法第五十九条第二款之规定这里同样适用。

经与社会福利部长协商，对被处以上述第一款、第二款规定的处罚措施的人，司法部长可以制定关于允许其离开这些设施的规定。司法部长可以决定，依据本条规定作出的裁决不允许向上一级行政机关申诉。

第七十五条 通过犯罪获得的收益，或相当于这一收益的金钱可以部分或全部没收。当犯罪收益的数额不能直接准确确定时，相当于这一收益的金额①应予没收。

如果认为是预防犯罪人进一步犯罪所必要的，或特殊原因所需要，下列物品也可以被没收：

（一）已经用于或意图用于犯罪活动的物品；

（二）通过犯罪行为生产的物品；

（三）与已经实施的其他犯罪相关的物品。

可以没收相当于物品价值或部分价值的金钱，代替没收上述第二款提及的物品。

上述第二款的代替没收，以预防进一步犯罪为标准来确定哪些物品可以代替没收。

当一个协会被法院判决解散，协会的资本、文件、资料等可以被没收。

第七十六条 本法第七十五条第一款规定的没收犯罪收益，可以从犯罪收益的直接受让人那里没收。

本法第七十五条第二款和第三款涉及的没收物品或没收一定数额的金钱，可以从对犯罪有责任的人那里没收，也可以从犯罪行为人的代表人那里没收。

在上述第二款规定的情况下没收物品，对被没收物品享有的权利在法院判决确认没收后消失。

当上述第一款、第二款涉及的人在犯罪以后，处置了犯罪收益、本法第七十五条第二款涉及的物品，或这些物品的权利，被转移的财物或财物的价值可以从受让人那里没收，只要受让人在接受

① 通常要经过评估。

收益或财物时知道其与犯罪行为有关，或者对这一事实出于严重的过失、或者是无偿取得的。

如果可能因上述第一款至第四款需要没收财物的人死亡，他的责任消失。但这不适用于依据本法第七十五条第一款的没收。

第七十六条之一　当犯罪行为属于下列情形时，犯罪人的部分或全部财产可以被没收：

（一）犯罪行为的性质可能涉及重大经济收益；且

（二）依据法律犯罪行为应被处以6年以上监禁，或违反了精神物品管理法规。

在上述第一款提及的条件下，犯罪者的配偶、同住者①获得的部分或全部财物可以被没收，除非符合下列条件：

（一）财产的取得发生在上述第一款涉及的犯罪行为实施之前5年；或

（二）取得财物时婚姻或同住关系还没有生效。

在上述第一款提及的条件下，如果犯罪人或犯罪人与其关系密切的人共同对一个法人有决定性的影响，转移到该法人的财产也可能没收。如果犯罪人对一个法人的收益享有重大比例的分配权，转移到这个法人的财产也应没收。如果财产转移发生在与没收相关的犯罪行为实施之前5年，则可以不予没收。

如果犯罪人能确信无疑地证明财产是以合法的方式取得的，或是合法的收益，则不能依据上述第一款至第三款没收。

可以没收相当于财物价值或财物部分价值的金钱，以代替上述第一款至第三款的没收。

第七十七条　依据本法第七十五条第一款、第七十六条之一的规定没收后，如果受害人要求赔偿犯罪行为造成的损害时，没收财物可以用于满足损害赔偿要求。

依据本法第七十五条第二款和第三款没收的财产或金钱，如果这一没收被判决所确认，则这些财物也可用于满足损害赔偿要求。

---

① 在丹麦每一个人都要登记地址，只有两人登记了同一地址，才可以认定为同住者。

与上述第一款和第二款相关，如果犯罪人依据判决支付了受害方的损害赔偿，没收的数额可以相应减少。

第七十七条之一 从物品现存状况相关的情况判断，如果有理由相信这些物品可能用于犯罪活动，也可以予以没收，只要认为是预防犯罪所必要的。在同样的条件下，其他资产，包括金钱，也可以被没收。本法第七十五条第四款同样适用。

第七十八条 被宣判有罪并不影响其他民事权利的行使，包括依据普通执照或海事执照从事商事活动。

一个被宣告有罪的人可以被禁止从事需要公共机关特别批准或允许的商事活动，只要已经实施的犯罪行为明显具有滥用这一职业或工作的危险。

已经实施的犯罪行为是否包含上述第二款涉及的需要批准的商事事项，申请从事相关商事活动遭到拒绝的人可以要求将这一问题提交法院审理。本法第五十九条第二款之规定这里同样适用。对此，法院应当以命令的形式作出裁决。如果法院的裁决不允许从事这一商事活动，就这一问题他可以再次向法院提出，但必须至少在2年以后。在这一期限届满前，有批准权的当局也可以作出批准或允许的决定。

第七十九条 一个正在从事本法第七十八条第二款涉及的商事活动的人，在被宣判有罪后，如果已经实施的犯罪行为具有滥用这种活动的明显危险，他继续从事这一活动的权利，或以某种方式从事这一切活动的权利可以被剥夺。

如果情况特殊，也可以禁止他从事其他形式的商事活动。根据同样的规则，可以剥夺一个人成为股份公司原始发起人、股份公司经理或董事会成员、承担特殊公共确认职责的公司、协会、基金会管理人员的权利。

这种权利剥夺的期限有两种，一种是确定期限，从最终裁决之日起不少于1年，不超过5年；另一种是无确定期限。在无确定期限的情况下，经过5年以后是否继续禁止从事这种商事活动，依据本法第七十八条第三款的规定犯罪人可向法院提出申请。如果情况特殊，司法部长有权决定在5年期满前允许向法院就这一问题提出申请。

当涉及上述第一款、第二款的问题正在审理时，法院可以命令的形式禁止犯罪人在最终裁决作出以前从事这一商事活动。在裁决中，法院可以决定申诉不具有推迟裁决执行的效力。

第十章　刑罚的裁量

第八十条　在坚持罪刑均衡原则的前提下，刑罚裁量过程中应考虑犯罪的严重程度以及犯罪人的具体情况。

在评价犯罪严重性时应考虑已经造成的伤害、具有的危险、损害的程度以及犯罪人知道或应当知道的情况。在评价犯罪人的具体情况时应考虑犯罪人日常所处的社会环境和个人情况、犯罪前后犯罪人的表现以及犯罪人实施犯罪的动机。

第八十一条　在裁量刑罚时，作为规则，以下情形应作为从重处罚的情节：

（一）以前因同种犯罪受过处罚；

（二）犯罪由多人共同实施；

（三）犯罪有具体的计划，或犯罪的大部分有具体的计划；

（四）犯罪人意图实施的犯罪可能产生更严重的后果；

（五）犯罪人表现出特别鲁莽；

（六）犯罪起源于受害方在公共辩论中的合法表达；

（七）在执行公共服务、职责过程中犯罪，或者滥用官方职权或其他信托职能实施犯罪；

（八）通过使用强迫、欺骗手段，或利用他人年轻、严重的经济或个人困境、缺乏知识、没有责任能力、现存的依附状况，引起他人参与犯罪；

（九）趁被害方处于无抵抗能力的状况而犯罪；

（十）正在服监禁刑或其他监禁性质的法律后果的人犯罪；

（十一）以前服过刑的人针对管教机关或管教机关雇用的人员实施犯罪。

第八十二条　在裁量刑罚时，作为规则，以下情形应作为从轻处罚的情节：

（一）犯罪时行为人未满十八周岁；

（二）犯罪人年老，适用通常的刑罚没有必要或有害；

（三）犯罪接近不处罚的边缘；

（四）犯罪人对禁止性或命令性法律规定有可宽恕的疏忽或误解；

（五）受非法攻击、被害方的严重侮辱、与受害方相关的他人严重侮辱所刺激，在激情状态下实施犯罪行为；

（六）由于被胁迫、欺骗而犯罪，或因年轻、严重的经济或个人困境、缺乏知识、没有责任能力、现存的依附状况被他人利用而犯罪；

（七）受巨大的情感、情绪影响，或犯罪人特殊的思想状态影响而实施犯罪行为；

（八）犯罪人自觉避免了或努力避免可罚行为导致的危险；

（九）犯罪人自首或充分坦白；

（十）犯罪人供述了侦破他人犯罪的重要信息；

（十一）犯罪人已经恢复或意图恢复可罚行为造成的损害之前的状态；

（十二）犯罪人由于犯罪行为而被剥夺了本法第七十九条规定的权利，或被处以其他相当于刑罚的后果；

（十三）针对犯罪人的刑事诉讼非因犯罪人的过错在合理期限内没有作出判决；

（十四）犯罪行为实施后已经经过了相当长的时间，没有必要适用通常的刑罚。

第八十三条 当有关犯罪、犯罪人以及其他情况特别支持对犯罪人从轻处罚，可以在法定刑幅度以内从轻处罚；情节特别轻微的，可以免除处罚。

第八十四条 对累犯加重处罚或适用其他法律后果的规定的适用，应以犯罪人实施新罪以前已经在丹麦因一个可罚行为被宣告有罪，且依据法律这一可罚行为，或这一可罚行为的未遂或共犯，能导致当前的犯罪被加重处罚为条件。

如果前罪是外国法院作出的判决，法院也可以像前罪是丹麦作出的判决一样适用累犯的法律后果。

自前罪执行完毕、赦免或最终免除之日起已满 10 年，再实施新罪，累犯的法律后果不再适用。如果前罪是罚金，这一期限应从最终判决之日或接受罚金之日起算；至于缓刑，应从最终判决之日起算。

第八十五条　（废止）。

第八十六条　当已决犯判决前被逮捕、羁押候审、收容于医院进行精神病鉴定，监禁刑的期限应依判决前羁押、入院鉴定的期限按一定的比例扣减。羁押少于 24 小时的，不折抵监禁期限。在羁押期间依照法院的决定犯罪人被隔离的，隔离 1 日折抵监禁刑期 72 小时。判决应包含有关判决前羁押、入院鉴定、隔离期限等涉及扣减刑期的信息。特殊情况下，法院可以决定整个刑罚视为已经执行完毕，即使判决确定的刑罚比判决前羁押、入院鉴定的期限长。如果上诉失败，或撤回上诉，这一问题由原审法院处理。当适用罚金刑时，判决中应决定整个罚金或其中的一部分视为已经支付。

依据本法第五十八条第一款作出的判决，刑期的折抵适用于立即执行部分的刑期。但法院也可以在判决中决定，刑期折抵不适用于立即执行部分的刑期，或只部分适用于折抵立即执行部分的刑期。

判决前缓刑犯罪已被逮捕、羁押候审，上述第一款、第二款的规定也适用于法院依照本法第六十条第一款第（三）项之规定作出的判决。

如果犯罪人在国外被逮捕、羁押候审、入院进行精神病鉴定，在适用刑罚时法院应决定折抵刑罚的方式。

因违反缓刑或假释条件而被逮捕或羁押候审的人，后来被处以监禁刑的，上述第一款第一句、第二句的规定也同样适用。

第八十七条　（废止）。

第八十八条　如果犯罪人因一个或多个行为触犯了多个犯罪，应该为这些犯罪在法定刑幅度以内确定一个统一的刑罚；如果这些犯罪的法定刑幅度不同，应在最高法定刑幅度内确定一个统一的刑罚。情节特别严重的，可以在法定最高刑 $1\frac{1}{2}$ 以下适用刑罚。

当一个犯罪被处以监禁，另一个犯罪被处以罚金，法院可以不适用一个统一的刑罚，而适用监禁刑同时附加罚金。

当一个犯罪被处以日罚金，另一个犯罪被处以其他性质的罚金时，法院应对两罪适用统一的日罚金刑，除非这样处罚难以实现罪刑相适应，才可以对两罪分别处以不同的刑罚。

当其中一罪被处以本法第六十八条至第七十条、第七十四条之一规定的处置措施，另一罪应适用一种刑罚，法院应决定将这种刑罚免除，只适用处置措施。

第八十九条 当发现一个已经被判决有罪的人，在判决宣告以前还有漏罪，且如果犯罪人本应在第一个判决中因两罪而被加重处罚，法院应作出补充判决；补充判决的刑期应比本法第三十三条规定的期限短。如果以前的刑期已届满，本法第八十八条的规则应尽可能地遵守。

第八十九条之一 如果一个人被处以本法第六十八条至第七十条、第七十四条之一的处置措施，法院应决定免除以前判处的、尚未执行的刑罚。

当一个正在执行本法第六十八条至第七十条、第七十四条之一的处置措施的人被处以刑罚，法院应决定免除以前适用的处置措施。

第九十条 （废止）。

第九十一条 （废止）。

第十一章 犯罪行为法律后果的终止

第九十二条 当符合本法第九十三条至第九十四条规定的时间期限届满，犯罪行为不再处罚。

第九十三条 追诉时效期限应为：

（一）2 年，当犯罪应被处以不超过 1 年监禁时；

（二）5 年，当犯罪应被处以不超过 4 年监禁时；

（三）10年，当犯罪应被处以不超过10年监禁时；

（四）15年，当犯罪应被处以终身监禁以下的刑罚时。

下列情况追诉期限不少于5年：

（一）违反本法第二百九十六条第二款、第二百九十七条第二款和第三百零二条第二款；

（二）违反税收、关税、补贴法规，当获取或可能获取非法收益时。

因违反本法第二百二十三条第一款，以及因与第二百二十三条第一款相关而违反第二百二十四条、第二百二十五条，追诉期限不少于10年。

因同一行为触犯了几个犯罪，且不同的犯罪有不同的追诉时效，追诉时效最长的犯罪的追诉时效适用于所有犯罪。

第九十三条之一　丹麦加入的国际条约规定不受追诉时效限制的犯罪，不适用追诉时效。

第九十四条　追诉时效应从犯罪作为或不作为行为终止之日开始计算。

当刑事责任取决于或受已经发生的后果或其他后来发生的事件影响时，追诉时效应从这一结果或后来事件发生之日起计算。

发生在丹麦领域之外的丹麦籍船舶上的犯罪，追诉时效从船舶进入丹麦港口之日起计算。但根据这一规定追诉时效期限的延长不得超过1年。

违反本法第二百一十条、第二百一十六条至第二百二十条、第二百二十二条、第二百二十三条、第二百四十五条之一、第二百六十二条之一第二款以及因与第二百四十五条之一相关而违反第二百四十六条，追诉时效最早只能从被害方达到十八周岁之日开始计算。同样的规则适用于因与本法第二百一十六条至第二百二十条、第二百二十二条、第二百二十三条相关而违反第二百二十四条、第二百二十五条的情形。

当犯罪人受到控告、起诉，追诉期限应延长。依照《刑事诉讼法》第一百五十七条规定的人同意代表法人履行职责以前，关于法人刑事责任的追诉时效延长。

当负责的诉讼机关在法定期限内没有作出判决，或起诉被撤回，追诉时效就像没有起诉发生一样继续进行。当起诉无限延长时，这一规则同样适用。如果是因被告逃避起诉而延迟，那么这一期限不包括在追诉时效期限内。

第九十五条 当一个行为因超过追诉时效而不再受处罚时，不能适用本法第六十八条至第七十条、第七十四条之一、第一百六十四条第四款、第二百三十六条规定的法律后果，也不能适用没收和剥夺权利。没收的追诉时效期限不少于5年，属于第七十五条第一款规定的情况，追诉期限不少于10年。

第九十六条 提起自诉或要求提起公诉的权利，自权利人取得起诉或要求提起公诉的充分根据之日起，6个月内未能提起自诉或要求公诉的，这一权利终止。

当多人有起诉权，或有多个犯罪人时，追诉期限应就每一个人分别计算。当其中一个人要求提起公诉的期限届满，而其他人要求提起公诉的期限没有届满，是否满足追诉期限没有届满的权利人的要求，由公诉机关自由裁量决定。

提起自诉或要求提起公诉的权利从受害方死亡之日起6个月终止。

如果法院没有就自诉案件作出刑罚处罚的判决，诉讼期间不计算在追诉期限内。

上述第一款至第四款的规定也适用于本法第二百七十三条涉及的其他法律后果；特殊情况下，追诉期限为3年。

第九十七条 监禁或监禁性质的其他法律后果的行刑时效适用下列第二款至第六款的规定。

行刑时效应为：

（一）5年，如果被处以不超过1年的监禁以及本法第七十四条之一的处置措施；

（二）10年，如果被处以1年以上4年以下监禁以及本法第六十八条和第六十九条规定的处罚措施；

（三）15年，如果被处以4年以上8年以下监禁以及本法第七十条规定的安全监护；

(四) 20 年，如果被处以 8 年以上的监禁。

行刑时效从依照一般规则刑罚本应执行之日起计算。

行刑时效不包括下列期限：

(一) 由于缓刑或附条件的暂缓执行而延迟执行判决的期限；

(二) 犯罪人正在执行另一个监禁刑或相当于监禁性质的其他法律后果的期限；

(三) 由于犯罪人逃避服刑而导致刑罚延迟执行的期限。

一旦判决开始执行，行刑时效中断。

在假释、附条件的释放、附条件的暂缓执行部分刑罚后，决定重新关押犯罪人的，剩余刑期或其他法律后果的行刑时效应从决定作出之日开始计算。当判决的执行非因假释、附条件的释放、附条件的暂缓执行部分刑罚中断时，行刑时效应从判决中断之日开始计算，但不适用上述第四款第（三）项规定的情况。

第九十七条之一　如果事先未要求征收，经过下列期限后，罚金不再执行：

(一) 5 年，当罚金不超过一万丹麦克朗；

(二) 10 年，当罚金超过一万丹麦克朗。

替代罚金的刑罚经过 3 年后不再执行，除非替代后的刑罚事先已开始执行。如果罚金超过一万丹麦克朗，替代罚金的监禁刑的行刑时效是 5 年。

没收经过 5 年以后不再执行，除非在此期限内已经提出执行要求。在判决中法院可以确定一个 10 年的行刑期限，在公诉机关的要求下，这一行刑期限也可以由第一审法院在判决后以命令的形式作出。

上述第一款至第三款规定的行刑期限，从判决通常本应执行的那一天开始计算。缓刑期限或附条件暂缓执行的期限不计算在行刑期限内。

第九十七条之二　已决犯人死亡后，适用于他的刑事法律后果不再执行。

公诉机关可以向第一审法院提出维持没收效力的问题，关于物品和金钱收益的没收效力只能像犯罪所得收益或相当于犯罪所得收益那样维持。法院可以改变没收的决定，以便用一定数额的金钱代替物品的没收，这一决定应以法院命令的形式作出。

依据本法第一百六十四条和第二百七十三条第二款作出的决定，在已决犯死亡后仍可执行。

第九十七条之三 在暂缓执行没收的情况下，其行刑时效的处理与刑罚行刑时效的处理方式相同。

第二篇 具体犯罪

第十二章 危害国家独立、安全的犯罪

第九十八条 任何人以接受外国帮助、使用武力、使用武力相威胁的方式实施一个行为，意图使丹麦或丹麦的一部分受外国统治，或者意图使丹麦的一部分从丹麦分离出去，处终身监禁以下刑罚。

为上述第一款提及的目的，任何人组织破坏生产、阻塞交通等大规模的破坏活动，以及那些已经意识到上述目的而参加这些活动的人，依照上述第一款规定的刑罚处罚。

第九十九条 在战时、敌方占领或其他军事行动时，如采取了封锁或其他敌对措施，任何人意图破坏丹麦、丹麦的联盟方而实施犯罪行为，或者在外国的帮助下企图实施危害丹麦独立的行为，处终身监禁以下刑罚。

本条以及本法第十二章、第十三章各条提及的敌方占领，是指如果或只要针对丹麦使用武力或以武力相威胁，使外国占领丹麦领土。

第一百条 任何人以公开声明的方式煽动针对丹麦国家的敌对活动，或具有引起针对丹麦敌对活动的明显危险，处6年以下监禁。

任何人通过公开声明煽动外国武力干涉丹麦国家事务，或具有引起这种干预的明显危险，处罚金或1年以下监禁。

第一百零一条 面对即将发生的战争、敌方占领或其他敌对活动，任何人实施援助敌方的准备活动，处16年以下监禁。

第一百零二条 在战争、敌方占领时，任何人以语言或行动帮助敌人，为了敌方的利益、破坏丹麦或丹麦军事同盟方的军事效率，处16年以下监禁。

下列行为应视为帮助敌人：

（一）战时或敌方占领时，应征加入敌方军队、敌对联盟军方、武装警察部队或其他相似的主体或组织，以及为这些主体或组织服务。

（二）战时或敌方占领时，以敌对武装的警察或监狱管理部门的公共雇员身份执行职务，包括参与检查或监督囚犯。

（三）向敌对当局、相关的组织、人员通风报信，或相似的协作活动，引起相关人员受到伤害、逮捕或逮捕的危险。

（四）战时或敌方占领时，为敌方利益进行宣传，包括以日报、期刊的出版者、编辑、行政管理人员身份开展活动，以及为促进敌人利益从事出版贸易或新闻工作。

（五）给予他人重大的经济资助，促进上述第（四）项性质的宣传，或者在战时或敌方占领时对与敌方武装进行不适当合作的政党或组织予以重大资助，以促进敌对武装的利益。

上述第二款涉及的通风报信，如果通报者已经意识到他的通报将引起他人即将面临失去生命、人身或健康遭受巨大痛苦、长时间被剥夺自由或驱逐境外的危险，或者为取得证据、口供，而违反本法第二百四十五条、第二百四十六条、第二百五十条，以及虐待囚犯，可以处终身监禁。

第一百零三条 在战时或敌方占领时，或面临这种迫在眉睫的危险时，任何人未能履行丹麦国家采取相关措施的合同，或者实施其他抵触这种措施的行为，处3年以下监禁。

如果未能履行合同是由于严重的过失所致，处罚金或4个月以下监禁。

第一百零四条 在战时或敌方占领时，任何人为商业目的不适当地直接或间接与敌方武装合作，处罚金或8年以下监禁。

上述第一款的刑事责任可以适用于管理人员，也适用于员工中的积极参加者。

在确定合作是否适当，以及在何种程度上不适当时，既要考虑战时或敌方占领时这一活动对敌方武装的重要性，也要考虑行为人是否属于下列情形之一：

（一）亲自采取措施建立、持续或扩大这一活动；或

（二）在有利于敌方利益的情况下，主动重新开展这种活动，或者已经实现或努力实施扩大生产，以满足敌方需要；或

（三）为自己的利益，利用自己与丹麦政府的关系已经为敌人提供帮助；或

（四）已经妨碍或试图妨碍丹麦公共当局充分获取从事这一活动的相关信息；或

（五）通过这项活动已经获取或试图获取超额利润或不合理的特权。

第一百零五条　任何人在敌方占领时实施一个行为，意图引诱占领武装或与这种武装相关的组织、个人危害丹麦公共当局的独立，或者为了使自己或他人获取特权而不适当地利用与占领武装，或与这种武装相关的组织或个人的联系，处8年以下监禁。

第一百零六条　任何人在执行授予他代表丹麦政府与外国政府商谈或解决某一问题的职权时，损害国家利益，处16年以下监禁。

第一百零七条　正在为外国武装、组织服务的人员，刺探、提供需要保守秘密的，有关丹麦国家或公共利益事项的信息，以及被正在从事这种服务的人员利用而刺探或提供这些信息，不管刺探或提供的信息是否正确，都构成间谍罪，处16年以下监禁。

如果刺探或提供的信息属于本法第一百零九条规定的性质，或者在战时或敌方占领时实施上述行为，应加重处罚，处终身监禁。

第一百零八条　任何人通过本法第一百零七条以外的行为，帮助或者使外国的间谍机构能直接或间接在丹麦领域内开展活动，处6年以下监禁。

如果信息涉及军事事务，或上述行为在战时或敌方占领时实施，可以加重处罚，处12年以下监禁。

第一百零九条　任何人泄露、转让丹麦政府秘密商谈的信息、决议和文件、涉及与外国权利的信息以及与外国相关的公共性质的

重大经济利益的信息，处12年以下监禁。

如果这些行为是由于过失所致，处罚金或3年以下监禁。

第一百一十条 任何人伪造、销毁、转移有关国家安全或与外国相关的权利的重要文件，处16年以下监禁。

如果这些行为是由于过失所致，处罚金或3年以下监禁。

第一百一十条之一 任何人未经合理授权故意或过失实施下列行为：

（一）描绘、拍照以及其他描写丹麦军事防御设施、军械库、营房、装备等不允许公众接近的军事设施，或者出版、复制描写、描绘这些内容的材料；或

（二）出版涉及丹麦移动军事力量或其他备战的物资，处罚金或3年以下监禁。

任何人未经合理授权故意或过失从飞机上对丹麦领土拍照，或者出版非法拍摄的照片，处罚金。

第一百一十条之二 任何人对违反丹麦在外国武装问题上的中立立场的行为给予帮助，处8年以下监禁。

第一百一十条之三 任何人违反关于保护国家防御或中立的法律规定，处罚金或4个月以下监禁；情节特别严重的，处3年以下监禁。

任何人违反关于丹麦公民履行对国家的义务的法律规定，处罚金或4个月以下监禁；情节特别严重的，处4年以下监禁。

上述第二款规定的刑罚同样适用于任何人违反包含或起源于《建立欧共体条约》第六十条、第三百零一条、第三百零八条之规定的相关条款，也适用于任何人违反相关规定意图部分或完全中断或降低丹麦与欧盟以外的一国或多国之间的经济关系。相似的制裁措施适用于个人、群体以及法人。

如果上述第一款、第二款、第三款规定的犯罪是由于过失实施，处罚金或2年以下监禁。

第一百一十条之四 本法第二十五章、第二十六章、第二十七章规定的任何犯罪，如果是针对外国元首、外交机构的领导，可以

在具体犯罪法定最高刑的 $1\frac{1}{2}$ 以下处罚。

第一百一十条之五 任何人公开侮辱外国、外国政府、外国国旗以及联合国、欧盟的旗帜，处罚金或 2 年以下监禁。

第一百一十条之六 本章涉及的所有犯罪，依司法部长的命令提起公诉。

第十三章 侵犯宪法或最高权力的犯罪

第一百一十一条 任何人在外国的帮助下，或使用武力、以使用武力相威胁实施一个行为，意图改变宪法或使其无效，处终身监禁以下刑罚。

第一百一十二条 任何人直接针对国家元首、宪法性摄政王的生命实施犯罪行为，处 6 年以上监禁。

第一百一十三条 任何人干预国会的安全和独立，或者使用武力、以武力相威胁实施其他行为，意图迫使国会作出某种决议或阻止国会自由开展活动，处 6 年以下监禁；情节特别严重的，处终身监禁以下刑罚。

同样的刑罚也适用于以相似的方法干涉或胁迫国家元首、宪法性摄政王、总理、宪法法院、最高法院的活动。

第一百一十四条 任何人以严重恐吓民众，非法胁迫丹麦或外国公共当局或国际组织实施或不实施某一行为，动摇或破坏一个国家或国际组织的基本政治、宪法、经济、社会结构为目的，实施下列一种或多种行为，当这些行为由于其性质或程度可能使一国或国际组织遭受严重的损失时，这些行为构成恐怖罪，处终身监禁以下刑罚：

（一）本法第二百三十七条规定的杀人。

（二）本法第二百四十五条或第二百四十六条规定的严重暴力。

（三）本法第二百六十一条规定的剥夺自由。

（四）本法第一百八十四条第一款规定的危害安全；本法第一

百九十三条第一款规定的非法扰乱公共运输等的正常运转；本法第二百九十一条第二款规定的严重破坏财产罪；如果这些犯罪以能使人的生命处于危险或造成严重经济损失的方式实施。

（五）本法第一百八十三条之一规定的控制交通运输。

（六）本法第一百九十二条之一和《武器和爆炸物法》第十条第二款规定的严重违反武器法规。

（七）本法第一百八十条规定的放火；本法第一百八十三条第一款至第三款规定的爆炸、散布有毒气体、引发洪水、海难、铁路或其他交通事故；本法第一百八十六条第一款规定的破坏自来水供应的健康环境；本法第一百八十七条第一款规定的破坏产品正常使用时保护人体健康的状况。

相同的刑罚应适用于任何人以上述第一款提及的目的，运输武器和爆炸物。

相同的刑罚也适用于任何人以上述第一款提及的目的，威胁实施上述第一款和第二款提及的行为。

第一百一十四条之一 任何人对实施或意图实施本法第一百一十四条规定的恐怖活动的个人、群体或组织提供下列帮助，处10年以下监禁：

（一）直接或间接提供经济资助；

（二）直接或间接获取或收集财富；

（三）直接或间接存放或处置金钱、资产或其他相似的财富。

第一百一十四条之二 任何人以怂恿、建议或实际行动的方式，帮助某个群体或组织的犯罪活动，或促使其达成共同目的，而该群体或组织是实施本法第一百一十四条、第一百一十四条之一第一款、第二款规定的一个或多个犯罪行为的群体或组织，当这些犯罪活动或共同目的涉及恐怖性质的一个或多个行为时，处6年以下监禁。

第一百一十四条之三 除符合本法第一百一十四条至第一百一十四条之二规定的行为以外，任何人参加意图以武力对公共事务施加影响，或造成公共秩序混乱的组织、群体、团体，或者对这种性质的组织、群体、团体提供重大的经济资助或其他重大的帮助，处

6年以下监禁。

第一百一十四条之四 除符合本法第一百一十四条至第一百一十四条之三规定的行为以外，任何人参加非法的军事组织或团体，处罚金或2年以下监禁。

第一百一十四条之五 任何人违反防止大规模杀伤性武器扩散的管理规定，实施下列行为：

（一）未经允许出口可以双重①使用的产品；或

（二）在当局就可以双重使用的产品作出决定的过程中，提供错误的或误导性的信息，或不提供当局作出决定所需要的重要信息；或

（三）违反当局就可以双重使用的产品规定的条件，情节严重的，处6年以下监禁。

第一百一十五条 本法第二十五章、第二十六章、第二十七章规定的犯罪，如果是针对国家元首、宪法性摄政王实施，除非符合本法第一百一十二条或第一百一十三条之规定，可以在具体犯罪法定最高刑2倍以下处罚。

如果上述犯罪是针对女王、女王的遗孤或女王的明确的继承人实施，可以在具体犯罪法定最高刑$1\frac{1}{2}$以下处罚。

第一百一十六条 任何人妨碍或试图妨碍国会的选举、法罗群岛地方议会选举、市政府或其他公共委员会及当局的选举，破坏选举结果或者使选举不能计票，处6年以下监禁。

同样的刑罚应适用于，在以全民公决的方式决定公共事务的相关活动中实施上述行为。

第一百一十七条 在上述第一百一十六条规定的选举或全民公决中，任何人实施下列行为，处罚金或2年以下监禁：

（一）为自己或他人非法取得委托参加投票；

（二）通过非法胁迫（相当于本法第二百六十条规定的胁迫）、剥夺自由、滥用监管地位，试图引诱他人以特定方式投票或不去投

---

① 既可以用于生产普通商品，也可以用于制造大规模杀伤性武器。

票；或

（三）通过欺骗导致他人违反自己的意愿不去投票、投票无效，或者使他的投票效果与其真实意愿相异；或

（四）为使一个人以特定的方式投票，或不投票而给予、许诺、提供经济性的好处；或

（五）因以特定方式投票或不投票而接受、要求或收受经济性的好处。

第一百一十八条 任何人使用武力、以使用武力相威胁、利用对外国武装干涉的恐惧，阻止或试图阻止公共当局自由开展活动，如果这一行为以影响公共事务或妨害公共秩序为目的，处12年以下监禁。

同样的刑罚适用于任何人为上述第一款提及的目的，且以上述第一款提及的方式，严重破坏言论自由、阻止社团或协会自由合法地开展活动。

同样的刑罚也适用于任何人为上述第一款提及的目的，且以上述第一款提及的方式，实施本法第一百九十三条规定的犯罪，或实施有害于公共利益的相似行为。

第一百一十八条之一 本法第一百一十一条至第一百一十五条、第一百一十八条涉及的犯罪，依司法部长的命令提起公诉。

第十四章　危害公共当局的犯罪

第一百一十九条 任何人以使用武力或使用武力相威胁，殴打正在执行公务的人员，或在执行公务的场所殴打这些人员，或者妨碍公务人员合法履行公务、迫使他们履行公务，处罚金或8年以下监禁。

除符合上述第一款规定的情况以外，同样的刑罚也适用于任何人以使用武力、剥夺自由、捏造一个犯罪行为或不光彩行为威胁被公共当局授予了司法权、某些涉及法律后果的事务的决定权、刑事执行权的人，如果这种威胁是在公务人员履行职责时实施，或者妨碍公务人员合法履行公务、迫使他们履行公务。

如果任何人在具有公务职责的人员履行公务的过程中设置障碍，处罚金或6个月以下监禁。

第一百二十条　如果本法第一百一十九条规定的行为以众多民众参与的方式实施，该条规定的刑罚适用于煽动或领导民众的人，也适用于在公共当局合法发出疏散命令后，未能遵守这一命令的参加者。

第一百二十一条　当本法第一百一十九条涉及的负有公共职责的人正在执行职务时，或在执行职责的场所，任何人以侮辱、谩骂以及其他冒犯性的语言或姿势攻击这些人员，处罚金或6个月以下监禁。

第一百二十二条　任何人非法给予、许诺或提供正在丹麦、外国或国际组织执行公共服务或职务的人员以礼物或其他好处，意图引诱那些人员在执行职务过程中实施或不实施某行为，处罚金或3年以下监禁。

第一百二十三条　任何人使用武力、以武力相威胁、使用本法第二百六十条规定的胁迫、本法第二百六十六条规定的威胁或以其他方式，对向警察或法院作出预测或解释的人、他的近亲属、朋友或其他与这种人相关的人实施犯罪行为，处罚金或8年以下监禁。

第一百二十四条　被逮捕或监禁的人逃跑，处罚金或2年以下监禁。

同样的刑罚适用于任何人释放被逮捕、监禁、羁押的人，以及促使或帮助被处以这种措施的人逃跑，或包庇这种已逃跑的人。

任何人与已被监禁或羁押的人非法联系，处罚金或3个月以下监禁。

上述第一款至第三款的规定同样适用于被处以安全监护的人，以及依据本法第七十四条规定的代替羁押候审、在监狱外执行刑罚而被关押在一种设施内的人。

第一百二十五条　任何人实施下列行为，处罚金或2年以下监禁：

（一）为使他人逃避因犯罪行为而被起诉或受刑罚处罚，庇护他，帮助他逃跑，或把他装扮成另一个人；或者

（二）破坏、改变、转移对侦察机关有重要意义的物品，或消除犯罪痕迹。

任何人为使自己或自己的近亲属不被起诉或处罚而实施上述第一款的行为，不处罚。

第一百二十五条之一　任何人违反《移民法》第五十九条第七款第（一）项至第（五）项的规定偷运人口，为获取非法利益，或其他情节特别严重的，处8年以下监禁。使他人的生命处于危险状态，有组织、有计划地偷运人口等情况尤其应作为情节特别严重来加以考虑。

第一百二十六条　任何人拿走或销毁公共当局张贴的封条或标志，处罚金或6个月以下监禁。

任何人拿走或销毁公共当局张贴的海报，处罚金或3个月以下监禁。

第一百二十七条　任何人逃避服兵役，或者劝说、帮助应征入伍者逃避服兵役的义务，或者煽动应征入伍者或军人不服从军方的命令，处罚金或2年以下监禁。

如果上述行为是在战时或面临战争威胁时实施，处6年以下监禁。

第一百二十八条　任何人在丹麦领域内为外国武装的战争服务从事招募活动，处罚金或2年以下监禁。

第一百二十九条　未经授权，任何人披露本法第一百一十六条关于选举或全民公决的信息，或公共当局、公共委员会秘密商谈的信息，处罚金或3个月以下监禁。同样的刑罚也适用于任何人未经授权，提供政府设立的委员会关于秘密商谈的公共信息，如果政府或其设立的委员会已经决定该协商的信息应保密。

第一百二十九条之一　任何人出版明知是不真实或虚假的在法庭、国会会议、市政委员会的会议上引用或交谈的内容，处罚金或2年以下监禁。

同样的刑罚适用于任何人在意识到指控不真实的情况下，仍公开地将尚未实施的行为错误地归咎于政府或公共当局，损害国家与外国相关的利益。

第一百三十条　任何未被授予公共权力的人行使公共权力，处罚金或2年以下监禁。

第一百三十一条　任何人公开地，或为非法目的，假冒被授予了公共权力或公共委托从事某项事务，或者未经委托执行需要委托授权的事务，或者在已经剥夺了委托的情况下继续从事该项事务，处罚金或6个月以下监禁。

任何人帮助已经剥夺了从事某事务权力的人执行该事务，处罚金；情节特别严重的，处4个月以下监禁。

第一百三十二条　任何人故意或过失非法使用下列制服、名称或标志之一，处罚金：

（一）限于丹麦或外国公共当局或军事部门使用的徽章或制服；

（二）限于战时给予伤员或患病的人帮助的组织、个人使用的徽章或称号；

（三）任何国际组织的徽章或名称。

上述第一款的规定同样适用于使用模仿的徽章、制服和名称。

第一百三十二条之一　当一个社团被政府暂时禁止，或经法院判决解散后，任何人仍继续参加该社团的活动，处罚金或2年以下监禁。

第十五章　危害公共平静和秩序的犯罪

第一百三十三条　任何人煽动群众聚集，意图对他人或他人财产使用暴力、威胁使用暴力，处罚金或3年以下监禁。

同样的刑罚适用于，在群众聚集以前已经知道第一款提及目的的领导者，也适用于事先知道这种目的，在公共当局公布解散命令后没有遵守这一命令的参加者。

如果在这种集会中基于这种目的而实施了具体犯罪，集会的煽动者、领导者应依照具体实施的犯罪处罚。

第一百三十四条　在知道解散的命令已经合法通告以后，任何没有遵守这一命令的人，处罚金或3个月以下监禁。

第一百三十四条之一　斗殴或以其他方式严重扰乱公共平静或

秩序的参加者，如果这些扰乱公共平静或秩序的行为是经约定或共同实施的，处一年零六个月以下监禁。

第一百三十四条之二 在游行、示威、集会或其他相似活动中，任何人用面具、面罩、颜料或其他相似的方式将面部全部或部分掩盖，使他人无法辨认，处罚金或6个月以下监禁。

同样的刑罚适用于，在上述第一款提及的活动中，在公共场所持有被认为用于掩盖面部的物品的人。

上述第一款、第二款的禁止性规定不适用于为对抗恶劣天气，或执行可信赖的目的而掩盖面部的行为。

第一百三十五条 任何人无根据地报警、滥用危险信号以及其他相似的行为，引起警察、消防队、救护车、海洋或空中营救服务人员、群众启动相关应急活动，处罚金或3个月以下监禁。

第一百三十六条 任何人公开煽动他人犯罪，处罚金或4年以下监禁，除非该行为构成处罚更严厉的另一犯罪。

任何人当众对本法第十二章、第十三章规定的犯罪表示赞成，处罚金或2年以下监禁。

第一百三十七条 任何人试图妨碍合法举行的公共集会，处罚金或2年以下监禁。

同样的刑罚适用于，任何人以吵闹或捣乱的方式干扰丹麦国会会议、法罗群岛地方议会会议、市政会议、公共委员会会议、教堂服务以及其他公共教堂典礼，或者任何人以不得体的方式扰乱葬礼。

第一百三十八条 任何人故意或严重过失醉酒，如果在此状态下危及他人或价值重大的财产，处罚金或1年以下监禁。

第一百三十九条 任何人侵害公共墓地的圣洁，或不得体地对待尸体，处罚金或6个月以下监禁。

同样的刑罚适用于任何人不得体地对待教堂的物品或用于教堂服务的物品。

第一百四十条 任何人当众奚落、侮辱国内合法存在的宗教团体的教义，或当众奚落、侮辱对这种宗教的信仰，处罚金或4个月以下监禁。

第一百四十一条　任何人知道他人计划实施本法第九十八条、第九十九条、第一百零二条、第一百零六条、第一百零九条、第一百一十条、第一百一十一条、第一百一十二条、第一百一十三条规定的危害国家或最高当局的犯罪，或者危及他人的生命、幸福或重大公共财产的犯罪，在需要通知公共当局的情况下，未尽其所能地努力阻止这些犯罪，或阻止犯罪结果的发生，假如这个犯罪最终被实施或未遂，处罚金或3年以下监禁。

如果上述第一款涉及的阻止犯罪实施的努力因可能危及自己，或自己近亲属的生命、健康、幸福，而没有作出这种努力，不处罚。

第一百四十二条　为避免意外事故或危及他人生命、健康、幸福的犯罪发生，在具有公共权力的人员要求给予帮助，且给予这种帮助不会危及或牺牲帮助者的重大利益的情况下，被要求人未能给予帮助，处罚金或3个月以下监禁。

第一百四十三条　（废止）。

第十六章　与履行公共职责相关的犯罪

第一百四十四条　正在履行丹麦、外国、国际组织公共职责的人，非法收受、要求、接受他人许诺的礼物或其他好处，处罚金或6年以下监禁。

第一百四十五条　为获取个人利益，任何执行公共职务的人要求、接受与公共职务相关的费用、不适当的税金或收费，处罚金或6年以下监禁。为个人利益，如果行为人已经意识到错误以后，仍占有善意取得的这种报酬，处罚金或2年以下监禁。

第一百四十六条　任何被授予司法或公共权力，能就涉及私人法律权利的事项作出决定的人，在决定或审核这些事务时实施不公正的行为，处6年以下监禁。

如果意图破坏他人的幸福实施上述行为，处16年以下监禁。

第一百四十七条　任何执行国家惩戒权力的人，为实现惩戒目的，使用非法方式以获取口供或证据，或者执行非法逮捕、监禁、搜查、没收，处罚金或3年以下监禁。

第一百四十八条 任何就决定法律问题被授予司法或公共权力的人，或者执行国家刑罚权力的人故意或严重过失未能遵守法律规定的关于审核案件、执行司法活动，关于逮捕、监禁、搜查、没收以及其他相似性质的措施的程序，处罚金或4个月以下监禁。

第一百四十九条 任何负责监禁囚犯或执行判决的人允许犯罪人逃跑、阻止执行判决、非法减轻判决确定刑罚的执行，处罚金或3年以下监禁。

第一百五十条 执行公共职务的人滥用他的职权，强迫他人实施、忍受或不实施某行为，处3年以下监禁。

第一百五十一条 任何人教唆或帮助下属在公务中实施可罚行为，不管下属是应受处罚，还是由于疏忽或其他原因被免除处罚，对教唆者都应依照所教唆或帮助的犯罪处罚。

第一百五十二条 正在履行或已经履行公共职责的人，非法利用、转发因职务关系获取的秘密信息，处罚金或6个月以下监禁。

如果上述第一款规定的犯罪是以为自己或他人获取非法利益为目的，或者情节特别严重的，可加重处罚，处2年以下监禁。作为情节特别严重考虑的例子尤其如，这种利用或转让行为造成了其他严重损害，或具有造成这种损害的明显危险。

秘密信息是指法律或其他规定要求保密的信息，以及为保护重要的公共或私人利益需要保密的信息。

第一百五十二条之一 本法第一百五十二条之规定同样适用于因公共当局委任而执行任务的人，也适用于国家批准的电话服务公司雇佣的人员。

第一百五十二条之二 本法第一百五十二条之规定同样适用于，基于公共当局的委任或委托正在执行或已经执行贸易或商务的人，利用、转发通过从事这种贸易或商务获取的、从私人利益角度考虑是秘密的信息。

本法第一百五十二条之规定也适用于，正在或曾经被欧盟统计办公室雇佣的人，以及正在或曾经在这种办公场所工作的人，非法利用、转发由于这种职务获取的统计信息。

第一百五十二条之三 本法第一百五十二条至第一百五十二条之二的规定同样适用于上述各条涉及人员的助手。

第一百五十二条之四 本法第一百五十二条至第一百五十二条之三的规定同样适用于，尽管没有参与上述行为，但非法利用、转让通过上述各条涉及的犯罪行为获取的信息。

同样的刑罚适用于，尽管没有参与上述各条规定的行为，但非法转让通过本法第一百五十二条至第一百五十二条之三规定的犯罪行为获取的、严格属于他人私生活的信息（依据《公共管理法》第二十八条第一款认定是否属于私生活信息）。

同样的规定适用于，未参加上述各条规定的行为，非法转让因对国家安全重要或对国家防御重要而必须保密的信息。

第一百五十二条之五 本法第一百五十二条至第一百五十二条之四的规定不适用于下列情况：

（一）转发信息是履行义务；

（二）明显为保护公共、本人或他人合法的利益。

第一百五十二条之六 违反本法第一百五十二条至第一百五十二条之五的规定，如果只有私人利益受到侵害，由受害人提起自诉。

在受害方的要求下，也可以由公诉机关提起公诉。

第一百五十三条 （废止）。

第一百五十四条 （废止）。

第一百五十五条 如果执行公务的人利用他的职务侵害他人私人权利或公共当局的权利，处罚金或 4 个月以下监禁。如果是为自己或他人获取非法特权而滥用职权，处 2 年以下监禁。

第一百五十六条 如果执行公务的人员未能或拒绝履行他的职务要求履行的职责，或未能、拒绝遵守合法的官方命令，处罚金或 4 个月以下监禁。上述规定不适用于履行公共选举职责。

第一百五十七条 如果执行公务的人员在执行职务、履行其职务固有的职责时，严重或经常违反职责、粗心大意，处罚金或 4 个月以下监禁。但不包括履行公共选举职责。

第十七章　伪证和诬告

第一百五十八条　任何人向法庭提供虚假的证据，包括通过电信的方式，处 4 年以下监禁。这一规定也适用于向外国法院提供虚假的证据。

同样的刑罚适用于任何人向欧洲司法法院提供虚假的证据。

如果虚假证据只涉及与待证事实不相关的问题，可以减轻为罚金。

第一百五十九条　刑事公诉的被告提供虚假的证据，或在审核案件时被非法要求提供证据的人提供虚假的证据，不处罚。

如果是在法院审核案件过程中，行为人有权拒绝提供证据时提供虚假证据，可以从轻处罚，情节较轻的，可以免除处罚。

第一百六十条　任何人由于严重过失提供了不正确的证据，除符合本法第一百五十八条或第一百五十九条第二款之规定以外，处罚金或 4 个月以下监禁。

第一百六十一条　除符合本法第一百五十八条规定的情况以外，任何人向公共当局提供虚假证据，或者以个人名誉担保的方式向公共当局提供虚假的信息，处罚金或 2 年以下监禁。

第一百六十二条　任何人在他必须向公共当局提供证据的事项中，作出不正确的陈述或提供了不正确的信息，处罚金或 4 个月以下监禁。

第一百六十三条　在涉及普通公众的法律活动中，任何人以文字或其他可读媒介的方式作出虚假的陈述，或为他不认识的人作证，处罚金或 4 个月以下监禁。

第一百六十四条　任何人向公共当局提供虚假证据，意图使一个清白的人由于一个犯罪行为被控告、宣告有罪、遭受刑事法律后果的，处 6 年以下监禁。

同样的刑罚适用于任何人销毁、扭曲、转移证据，或伪造虚假的证据，意图使他人因此而受控告或被宣告有罪。

任何人实施上述第一款、第二款涉及的行为，意图使自己或经他人同意的人因一个犯罪行为而受到控告或被宣告有罪，处罚金或1年以下监禁。

在被害方的要求下，判决可以规定，在公共当局的帮助下，一种或几种公共报纸应刊登法院的判决，并尽可能地连同法院认定事实的推理一起刊登。

第一百六十四条之一 任何人在能够提供的情况下，未能提供确实能证明受到控告或被宣告有罪的人是清白的证据，如果他提供这一证据不会使他自己或与他关系密切的人的生命、健康受到危险，或因相关犯罪而受到起诉，处罚金或1年以下监禁。

第一百六十五条 任何人向公共当局报告一个并不存在的可罚行为，或任何人向公共当局提出虚假的申诉，处罚金或6个月以下监禁。

第十八章 与支付手段相关的犯罪

第一百六十六条 任何人伪造、变造货币，意图作为合法的货币投入流通，或者基于同样的目的，为自己或他人获取伪造或变造的货币，处12年以下监禁。

第一百六十七条 将伪造或变造的货币投入流通应与伪造、变造货币一样适用同样的刑罚。但如果将伪造、变造的货币投入流通的人是善意取得这些货币，则可以减轻为罚金。

第一百六十八条 任何人将怀疑是伪造、变造的货币投入流通，处罚金或3年以下监禁；如果将这种货币投入流通的人是善意取得这些货币的，可以免除处罚。

第一百六十九条 任何人伪造、进口从外观和形状来看酷似货币、一般流通的证券的物品，或将这些物品投入流通，处罚金。

第一百六十九条之一 任何人以作为真正的电子货币使用为目的，非法生产、获取电子货币或将其投入流通，处罚金或6个月以下监禁。

伪造的电子货币是指非真正的电子货币，但可以像真正的电子货币一样使用的物品。

情节特别严重的，尤其如行为实施的方式、货币的数量特别大，可以加重处罚，处6年以下监禁。

第一百七十条 任何人进口、伪造、投入流通可用于支付的票据，明显意图使其作为合法的票据在小范围内流通或广泛流通，或者希望以这种方式使用，处罚金或3个月以下监禁。

第十九章 关于证据的犯罪

第一百七十一条 任何人使用虚假的文件，意图在涉及法律后果的事件中欺骗，构成伪造文件罪。

文件是指以书面或电子的形式显示，署有发布者的名称，明显作为证据使用的物品。

如果一个文件不是出自其署名的发布者，或文件的内容已经被文件发布者以外的人增加或修改，这种文件就是虚假的文件。

第一百七十二条 伪造文件的，处罚金或2年以下监禁。

如果伪造文件性质特别严重，或者伪造大量的文件，可加重处罚，处6年以下监禁。

第一百七十三条 任何人意图在涉及法律后果的事务中进行欺骗，使用具有真实签名的文件，但这一签名是从其他文件中取得的，或者文件的内容与文件签署者的意图相异，依照本法第一百七十二条规定的刑罚处罚。

第一百七十四条 在涉及法律后果的事务中，任何人将具有真实署名的文件适用于该文件真正应涉及的人员之外的人，或者以与文件的目的相反的方式利用文件，处罚金或6个月以下监禁。

第一百七十五条 任何人意图在涉及法律后果的事务中进行欺骗，在法律或特殊义务要求个人持有或发布的公共文件、凭证，私人文件、凭证中，或在医疗、牙医、助产妇、兽医报告中作出不正确的陈述，而这一陈述将在相关事务中作为证据使用，处罚金或3个月以下监禁。

同样的刑罚适用于，任何人在涉及法律后果的事务中将这种文件或凭证作为真实的文件、凭证使用。

当上述文件或凭证以其他可读媒介的方式发布或持有时，上述第一款、第二款的规定同样适用。

第一百七十六条 任何人意图在商业中欺骗，使用非法附有官方商标或其他用于保证商品真实性、质量、数量的物品，处罚金或3年以下监禁。

任何人以相同的方式使用附有能证实物品相关事实的私人印章、标记或描述，且对商业活动重要的物品，处罚金或1年以下监禁。

任何人以同样的方式使用非法附有已经被篡改的印章、标记或描述的物品，依上述第二款规定的刑罚处罚。

第一百七十七条 任何人伪造用于支付公共税收、关税、邮寄费而预先附有印章的纸、邮票或其他标识，或使用这些伪造的物品，处8年以下监禁；使用已经使用过的纸张、邮票，但以前使用过的标记已经被去掉，应相应减轻处罚。

本法第一百六十九条之规定同样适用于邮票、邮资以及其他相似的支付方式。

第一百七十八条 以剥夺他人权利为目的，任何人部分或全部销毁、转移能作为涉及法律后果事项的证据物品，或者使其部分或全部无效，处罚金或2年以下监禁。

第一百七十九条 任何人以欺骗为目的，在关于土地边界、土地权利、水渠及被水覆盖的水域的权利中，树立虚假的边界石或其他界限标识，或者移动、转移、销毁、破坏这些标识，处罚金或3年以下监禁。

第二十章 引起公共危险的犯罪

第一百八十条 任何人在已经认识到可能对他人的生命造成现实危险的情况下，放火燃烧自己或他人的财物，或者以对他人财物引起重大危险为目的，煽动叛乱、抢劫或其他扰乱公共秩序的行为，最高可处终身监禁。

第一百八十一条 任何人引起他人财产发生火灾，处6年以下监禁。

同样的刑罚适用于任何人为了骗取保险公司火灾保险、侵害抵押人的权利以及其他相似的非法目的，引起自己的财产或财产所有人同意的财产发生火灾。

情节特别严重的，可以加重处罚，处10年以下监禁。

第一百八十二条 任何人过失引起他人财产发生火灾，或过失引起火灾损害他人经济利益，处罚金或2年以下监禁。

第一百八十三条 任何人通过爆炸、散布有毒气体、引发洪水、海难、铁路或其他交通事故，意图使他人或他人的财产处于危险状态，处12年以下监禁。

如果上述行为是在本法第一百八十条描述的情况下实施，最高可处终身监禁。

如果上述行为是由于过失所致，处罚金或2年以下监禁。

第一百八十三条之一 任何人使用本法第二百六十条描述的胁迫控制航空器、船舶、其他公共交通或运输工具，干扰操作，最高可处终身监禁。

第一百八十四条 除符合本法第一百八十三条和第一百八十三条之一以外，任何人破坏铁路、船舶、机动车辆以及相似的运输工具的安全，或者破坏公共道路的交通安全，处罚金或2年以下监禁；情节特别严重的，处6年以下监禁。

如果上述行为是由于过失所致，处罚金或4个月以下监禁。

第一百八十五条 在有能力且对自己或他人没有重大危险或损害的情况下，任何人未能尽其所能地适时或以其他适当的方式通报，以避免火灾、爆炸、有毒气体散布、洪灾、船舶损害、铁路事故，以及其他涉及人的生命的事故发生，处罚金或6年以下监禁。

第一百八十六条 任何人通过引起普通饮用水短缺，或者向水库、自来水总管、水渠投放有害物质，危害他人生命和健康，处10年以下监禁。

如果上述行为是由于过失所致，处罚金或2年以下监禁。

第一百八十七条 任何人实施下列行为，处10年以下监禁：

（一）在用于销售或日常使用的产品中投放有毒或其他物质，以致当这种产品按照设计目的使用时可能危及他人健康；或

（二）当产品已经被污染到按设计目的使用或消费时有害于健康的程度，采取措施隐瞒产品被污染的状况；

（三）掩盖自己对上述第（一）项、第（二）项涉及产品的干预，销售这些产品或试图将其投入流通。

如果上述行为是由过失所致，处罚金或1年以下监禁。

第一百八十八条 除符合本法第一百八十七条第一款第（三）项外，任何人掩盖产品的有害性，销售下列产品或试图将其投入流通，处罚金或6年以下监禁：

（一）由于腐烂、有缺陷的生产过程或保存方式以及其他相似原因而有害于健康的食品或含兴奋剂的饮料；

（二）如果按照习惯方式使用将危及他人健康的日常用品。

如果上述行为是由于过失所致，处罚金或4个月以下监禁。

第一百八十九条 任何人销售明知不适合用于明示目的，如果按照明示目的使用可能危及他人生命、健康的药品，预防性治疗疾病的产品，或者将其投入流通，处罚金或6年以下监禁。

如果上述行为是由于过失所致，处罚金或4个月以下监禁。

第一百九十条 本法第一百八十六条至第一百八十九条规定的情况，如果只有家养动物的生命或健康受到危害，处罚金或6年以下监禁。

第一百九十一条 违反精神药品管理规定，任何人向多人提供精神药品，或为取得大量回报、或其他情节特别严重的，处10年以下监禁。如果提供了相当数量的、特别有害或特别危险的药品，或这种药品转化后已经具有特别危险的性质，可加重处罚，处16年以下监禁。

同样的刑罚适用于任何人违反精神药品管理规定，意图以上述第一款提及的方式处理精神药品，进口、出口、购买、分发、接受、生产、制造、持有这些药品。

第一百九十一条之一　（废止）。

第一百九十二条　违反预防和控制传染性疾病管理法规，任何人引起传染性疾病在公众中传播的危险，处3年以下监禁。

如果传染性疾病的严重程度按法律规定将导致公众入院治疗，或行为时事实上已经使公众入院接受治疗，或国家对这种疾病已经采取了特殊的措施，处6年以下监禁。

任何人引起传染性疾病在家养动物、培育的或其他用于销售的植物之间传播，处罚金或2年以下监禁。

如果上述行为是由于过失所致，处罚金；情节特别严重的，处6个月以下监禁。

第一百九十二条之一　违反武器和爆炸物管理规定，任何人进口、生产、拥有、携带、使用、转移因高危险性而易于引起重大损害的武器或爆炸物，处6年以下监禁。

同样的刑罚适用于任何人违反武器和爆炸物管理规定，开发武器或爆炸物，或以此目的在扩散后有害、有麻醉性影响的固体、气体和液体中进行研究。

第二十一章　引起公共损害的犯罪

第一百九十三条　任何人以非法的方式引起公共交通运输、公共邮政服务、公共电话电报服务、公共广播电视设施、公共信息系统、公共用水、电、气、热的供应的大面积混乱，处罚金或6年以下监禁。

如果上述行为是由于过失所致，处罚金或6个月以下监禁。

第一百九十四条　任何人移除、销毁、损坏公共纪念碑以及其他公用或公共装饰的物品、属于集体的公共物品、公共保护的物品，处罚金或3年以下监禁。

第一百九十五条　任何人销售明知有虚假成分或掺杂的食品，且对食品的这种性质未明确在产品的标签、包装以及发票上标明，处罚金或3个月以下监禁。

第一百九十六条 违反环境管理法规，任何人实施下列行为，处4年以下监禁：

（一）污染空气、水体、泥土或地底，引起重大环境损害，或重大环境损害的直接危险；或者

（二）贮存或抛弃废物及相似的物质，因而引起重大环境损害，或重大环境损害的直接危险。

第二十二章 乞讨与商业犯罪

第一百九十七条 在警察警告后，任何人仍然乞讨，或允许自己十八周岁以下的家庭成员从事乞讨，处6个月以下监禁；情节较轻的，可以免除处罚。本条所指的警告，一次5年内有效。

第一百九十八条 （废止）。

第一百九十九条 （废止）。

第二百条 （废止）。

第二百零一条 （废止）。

第二百零二条 （废止）。

第二百零三条 任何人以赌博、法规禁止的博彩、推销赌博谋生，处罚金或1年以下监禁。

法院应决定这种活动的收益是没收还是返还原主。

第二百零四条 任何人在公共场所为未经授权的赌博活动提供场所，或安排这种赌博活动，处罚金或6个月以下监禁。

任何人或特定的人有资格加入的协会，或以从事未经批准的赌博活动作为其目的之一的协会，以及参加赌博需要支付会员费的协会，其活动场所视为公共场所。

任何人在公共场所参加未经批准的赌博活动，处罚金。

第二百零五条 （废止）。

第二百零六条 （废止）。

第二百零七条 （废止）。

第二十三章　危害家庭关系的犯罪

第二百零八条　任何已经结婚的人或登记了伴侣关系①的人，对外声称缔结了一个新的婚姻契约或登记了新的伴侣关系，处3年以下监禁；如果另一方不知对方已经存在一个婚姻关系或登记的伴侣关系，处6年以下监禁。

如果上述行为是由于严重过失所致，处1年以下监禁。

既没有结婚又没有登记伴侣关系的人声称与一个已经结婚的人缔结了婚姻契约，或与已登记了伴侣关系的人又登记伴侣关系，处1年以下监禁。

如果声称的婚姻或登记的伴侣关系无效，对已经结婚的人或登记了伴侣关系的人可以作为情节较轻处理；对既没有婚姻关系又没有登记伴侣关系的人，可以免除处罚。

第二百零九条　（废止）。

第二百一十条　任何人与他的直系晚辈亲属性交，处6年以下监禁。

任何人与自己的兄弟姐妹性交，处2年以下监禁。如果已经达到十八周岁，可以免除处罚。

上述第一款、第二款的规定同样适用于同性之间的性关系，以及性交以外的性关系。

第二百一十一条　（废止）。

第二百一十二条　（废止）。

第二百一十三条　任何人以疏于照管、贬低人格的方式侮辱他的配偶、子女、十八周岁以下依靠他抚养的人以及与他有直系血缘或姻缘关系的人，或者故意逃避抚养这些人的义务，使他们处于艰难困苦状态，处2年以下监禁。

第二百一十四条　（废止）。

---

①　登记的伴侣关系就是同性结婚，登记的伴侣关系与婚姻关系的民事权利义务基本相同。

第二百一十五条 任何人使十八周岁以下的人脱离其父母或其他受委托的人的监管和照料，或者帮助十八周岁以下的人逃避这种监管和照料，依照本法第二百六十一条之规定处罚。

任何人非法将孩子带出国外，以上述第一款相同的方式处罚。

第二十四章 性 犯 罪

第二百一十六条 任何人以暴力或以暴力相威胁实施强奸，构成强奸罪，处 8 年以下监禁。使他人处于不能抗拒的状态，等同于使用暴力。

如果强奸具有特殊的危险性，或情节特别严重的，应加重处罚，处 12 年以下监禁。

第二百一十七条 任何人使用暴力、暴力威胁以外的胁迫（依据本法第二百六十条），实施强奸，处 4 年以下监禁。

第二百一十八条 任何人利用他人的精神疾病、精神缺陷，与其发生婚外性关系，处 4 年以下监禁。

任何人与处于无法抗拒状态的人发生性关系，处 4 年以下监禁，除非符合本法第二百一十六条之规定。

第二百一十九条 被监狱、更生改造中心、孩子或青少年之家、治疗精神紊乱者的医院、收容精神缺陷者的机构以及其他相似机构雇佣的人，或负责这些机构的人，与其被雇佣或负责机构的收容人员发生性关系，处 4 年以下监禁。

第二百二十条 任何人严重滥用对他人的管理地位或经济支配地位，与其发生性关系，处 1 年以下监禁；如果对方的年龄在二十一周岁以下，处 3 年以下监禁。

第二百二十一条 任何人利用阴谋诡计，使他人错误地相信已经与其结婚，或者将犯罪人误认成他人，从而骗取性交，处 6 年以下监禁。

第二百二十二条 任何人与十五周岁以下的未成年人发生性交，处 8 年以下监禁。

如果与十二周岁以下的未成年人进行性交，或者使用胁迫、恐吓的方法与十五周岁以下的未成年人性交，可加重处罚，处12年以下监禁。

第二百二十三条 任何人与其收养、领养、继养的、十八周岁以下的子女进行性交，以及托付给他指导、教育的、十八周岁以下的未成年人发生性交，处4年以下监禁。

同样的刑罚适用于任何人严重滥用年龄或经验优势，诱使十八周岁以下的未成年人发生性关系。

第二百二十三条之一 任何人作为顾客，以付费或许诺付费的方式与十八周岁以下的未成年人发生性交，处罚金或2年以下监禁。

第二百二十四条 本法第二百一十六条至第二百二十三条之一的规定同样适用于性交以外的性关系。

第二百二十五条 本法第二百一十六条至第二百二十条、第二百二十二条至第二百二十三条的规定同样适用于同性之间的性关系。

第二百二十六条 上述规定中，如果行为是否应受处罚的性质取决于受害人的精神、身体、年龄状况，而行为人行为时对受害人的精神状况、年龄大小不了解，且由于这种原因不能按故意处罚，如果犯罪人有过失，可以相应地减轻处罚。

第二百二十七条 本法第二百一十六条至第二百二十六条规定的情况中，如果已经发生性关系的人随后结婚，或登记了伴侣关系，可以减轻或免除处罚。

第二百二十八条 任何人实施下列行为，构成诱使妇女卖淫罪，处4年以下监禁：

（一）诱使他人通过从事卖淫活动谋利；或

（二）为获取收益，诱使他人堕落于卖淫行为，或者阻止将卖淫作为职业的人放弃这种职业；或

（三）开设妓院。

同样的刑罚适用于帮助、教唆二十一周岁以下的人将卖淫作为职业，或者参与将二十一周岁以下的人运送到国外，使他人在国外将卖淫作为职业；或者如果行为时他人不知道是基于这种目的，而

将他人运送到国外，使他人在国外将卖淫作为职业。

第二百二十九条 任何人为获取利益，作为中间人介绍卖淫，以及从卖淫为业的人的卖淫活动中分取利润，或者反复多次实施这种行为，处3年以下监禁；情节较轻的，处罚金。

任何人将旅馆、小酒店的房间租赁给他人从事职业性卖淫，处1年以下监禁；情节较轻的，处罚金。

第二百三十条 任何人录制十八周岁以下的未成年人的淫秽照片、电影以及相似的物品，意图销售或散布这些材料，处罚金或2年以下监禁；情节特别严重的，处6年以下监禁。作为情节特别严重考虑的例子尤其如，危及孩子的生命、使用了严重的暴力从而对孩子造成严重的伤害、有组织或有计划地从事录制。本法第二百二十六条的规定同样适用。

第二百三十一条 因违反本法第二百二十八条、第二百二十九条而被起诉的人，如果他以前因违反这些条款曾经被宣告有罪，或者他以前因贪利型犯罪曾经被处以监禁刑，则可以在相应犯罪法定最高刑 $1\frac{1}{2}$ 以下处罚。

第二百三十二条 任何人通过淫秽行为侵犯公共的礼仪，或引起公愤，处罚金或4年以下监禁。

第二百三十三条 任何人煽动、怂恿他人卖淫，展示淫荡的生活方式，因而可能干扰他人，或引起公愤，处罚金或1年以下监禁。

第二百三十四条 任何人销售十六周岁以下未成年人的淫秽图片、物品，处罚金。

第二百三十五条 任何人传播十八周岁以下未成年人的淫秽图片、电影、其他可视淫秽复制品以及其他相似物品，处罚金或2年以下监禁；情节特别严重的，处6年以下监禁。作为情节特别严重考虑的情况尤其如，危及孩子的生命、使用严重暴力给孩子造成了重大伤害、有计划或有组织的传播。

任何人持有、购买十八周岁以下未成年人的淫秽图片、电影、其他可视复制品以及相似的物品，处罚金或1年以下监禁。

上述第二款的规定不包括经该未成年人同意而持有十五周岁以上未成年人的淫秽图片。

第二百三十六条 任何人违反本法第二百一十六条、第二百一十七条、第二百一十八条第一款、第二百二十二条、第二百二十三条第二款、第二百二十四条、第二百二十五条、第二百二十六条而被宣判有罪的人，法院可以命令他不准出现在公共公园、花园、公共绿地、学校、娱乐场所、孩子之家、收容精神缺陷者的医院或设施附近，特定的林地、洗浴场所、海滨胜地等场所。

除此之外，任何人因违反上述第一款涉及的犯罪，以及本法第二百二十八条、第二百二十九条而被宣告有罪的人，法院可以禁止十八周岁以下的未成年人住在他家，未经警察允许，禁止该犯罪人与十八周岁以下的未成年人住在一起的人待在一起。但这一命令不适用于依靠犯罪人扶养的未成年人。

在刑罚执行期满3年后，已决犯可以申请撤销法院依据上述第一款、第二款作出的命令，这一申请应通过公诉机关提出，公诉机关应尽可能将犯罪人的这一申请向法院提出。本法第五十九条第二款的规定这里同样适用。法院应以命令的形式作出裁决。如果犯罪人的这一申请未能得到法院的支持，自法院宣布决定之日起3年内犯罪人不得再提出新的申请。特殊情况下，司法部长有权决定犯罪人在这一期限届满前可以提出申请。

违反上述第一款、第二款的命令，处4个月以下监禁。

第二十五章 针对人身的暴力犯罪

第二百三十七条 任何人杀死他人，构成杀人罪，处5年以上终身监禁以下刑罚。

第二百三十八条 如果母亲杀死自己在出生过程中的、或刚出生不久的婴儿，且她实施这一行为是由于悲痛、担心受到耻辱，或者由于孩子的出生引起的惊异、困惑、脆弱，处4年以下监禁。

如果是犯罪未遂，且没有对婴儿造成伤害，可以免除处罚。

第二百三十九条 任何人在他人明确的要求下杀死他人，处3

年以下监禁。

第二百四十条 任何人帮助他人自杀，处罚金或3年以下监禁。

第二百四十一条 任何人过失引起他人死亡，处罚金或4个月以下监禁；情节特别严重的，处8年以下监禁。如果犯罪是由于酒后驾驶、特别鲁莽的驾驶所致，可以作为情节特别严重加以考虑。

第二百四十二条 （废止）。

第二百四十三条 （废止）。

第二百四十四条 任何人对他人实施暴力或殴打他人，处罚金或3年以下监禁。

第二百四十五条 任何人进行邪恶、野蛮、危险性的人身攻击，或者手段特别残忍，处6年以下监禁。如果这种人身攻击给他人造成了重大损害，应作为后果特别严重处理。

除符合上述第一款规定以外，任何人对他人或他人健康造成损害，处6年以下监禁。

第二百四十五条之一 不管是否经被害人同意，任何人通过暴力或其他方式部分或全部切除女性外部性器官，处6年以下监禁。

第二百四十六条 如果本法第二百四十五条、第二百四十五条之一描述的人身攻击情节特别恶劣，或者后果特别严重，可加重处罚，处10年以下监禁。

第二百四十七条 因违反本法第二百四十四条至第二百四十六条而被宣告有罪的人，如果他曾经因故意实施人身攻击，或与故意暴力相关的犯罪而被处以刑罚，处罚可以加重1/2。

如果本法第二百四十四条至第二百四十六条规定的犯罪是针对由于工作性质特别易于受到暴力攻击的人实施，上述第一款规定的刑罚同样适用。

第二百四十八条 如果攻击是在斗殴中发生，或人身受到攻击的人已经进行了回击，情节较轻的，可以免除处罚。

第二百四十九条 任何人过失对他人或他人健康造成伤害，处罚金或4个月以下监禁；情节特别严重的，处8年以下监禁。如果犯罪与酒后驾驶、特别鲁莽地驾驶相关，可以作为情节特别严重加以考虑。

第二百五十条　任何人使托付给他照看的人陷入无助或被抛弃的状况，处 8 年以下监禁。

第二百五十一条　任何妇女以不适当的方式使其刚出生的孩子处于严重的危险状态，处罚金或 1 年以下监禁。

第二百五十二条　任何人以获取收益为目的，或纯粹不计后果或以鲁莽的方式，使他人的生命或健康处于迫在眉睫的危险，处 8 年以下监禁。

同样的刑罚应适用于任何人不计后果地引起他人处于感染致命疾病或难以治愈疾病的危险。

经与公共健康部长协商，司法部长应确定符合上述第二款情形的疾病的种类。

第二百五十三条　任何人在能够做且对自己或他人没有特别危险或牺牲的情况下，未能实施下列行为，处罚金或 2 年以下监禁：

（一）尽其所能地帮助生命明显处于危险的人；或

（二）采取适当的措施营救生命垂危的人，或在海难或其他相似意外事故发生后，在受害者要求帮助下，未能采取适当措施。

第二百五十四条　任何人故意或过失留下危险的武器让十五周岁以下的未成年人、精神病人、精神缺陷者、醉酒的人控制，处罚金或 3 个月以下监禁。

第二百五十五条　（废止）。

第二百五十六条　（废止）

第二百五十七条　（废止）。

第二百五十八条　（废止）。

第二百五十九条　（废止）。

第二十六章　侵犯他人自由的犯罪

第二百六十条　任何人实施下列行为之一，构成非法胁迫罪，处罚金或 2 年以下监禁。

（一）使用暴力，或以使用暴力、重大财产损害、剥夺自由、指控一个并不存在的犯罪行为或不光彩行为、揭露涉及他人隐私的事件相威胁，迫使他人实施或不实施某行为或忍受某行为；

（二）以揭露或控告一个可罚行为，或指责一个不光彩行为相威胁，迫使他人实施、不实施或忍受某行为。

第二百六十一条 任何人剥夺他人自由，处罚金或4年以下监禁。

以获取利益为目的剥夺他人自由，或长期剥夺他人自由，或像对待精神病人、精神缺陷者一样剥夺他人自由，或剥夺他人自由以谋取为外国军方服务，或将他人带到国外囚禁或使其处于依附状态，处12年以下监禁。

任何人由于严重过失导致上述第二款规定的剥夺自由，处罚金或6个月以下监禁。

第二百六十二条 （废止）。

第二百六十二条之一 任何人使用以下方法之一，招收、运输、转移、收容或实质性接受他人，以利用他人从事色情服务、强迫劳动、奴役或像奴隶一样对待或以切除器官为目的，构成人口贸易罪，处8年以下监禁：

（一）使用本法第二百六十条规定的非法胁迫；

（二）使用本法第二百六十一条规定的剥夺自由；

（三）使用本法第二百六十六条规定的威胁；

（四）非法使他人产生幻觉，或证实、利用幻觉；或

（五）其他不适宜的行为；

同样的刑罚应适用于，以利用他人从事色情服务、强迫劳动、奴役或像奴隶一样对待或以切除器官为目的，实施下列行为：

（一）招收、运输、转移、收容或实质性接受十八周岁以下的未成年人；

（二）以给予金钱或其他好处，换取被害人的监护人或接受金钱、好处的人的同意，以实现上述目的。

第二十七章 侵犯他人名誉和某些个人权利的犯罪

第二百六十三条 任何人非法实施下列行为之一，处罚金或6

个月以下监禁：

（一）剥夺或公开他人信件、电报或其他密封的交谈和便条，或了解这些密封资料的内容；

（二）进入属于他人的私人空间；

（三）使用仪器秘密窃听、录制他人私人的陈述、电话会谈内容，或秘密窃听、录制行为人没有自由参加或非法进入的封闭式会议的会谈内容。

任何人非法获取他人信息，或获取设计用于信息系统的程序，处罚金或一年零六个月以下监禁。

上述第一款、第二款规定的行为，如果是为获取或了解一个公司的商业秘密，或情节特别严重的，应加重处罚，处6年以下监禁。这一刑罚也适用于有计划、有组织地实施上述第二款规定的行为。

第二百六十三条之一 任何人非法商业性地销售，或大范围散布不为公众所知悉、进入需要密码或者其他特殊限制的信息系统的密码或进入信息系统的其他方式，处罚金或一年零六个月以下监禁。

同样的刑罚适用于，任何人大量转让上述第一款提及的密码、进入信息系统的方式。

相同的刑罚也适用于任何人非法获取、转让一个上述第一款提及的密码或进入信息系统的方式，但属于下列情形之一：

（一）本法第一百九十三条规定的对国家重要的信息系统；或

（二）处理《私人信息法》第七条第一款或第八条第一款涉及的敏感信息系统，其中包含大量个人信息。

如果上述第一款至第三款规定的转让、获取等情节特别严重，处6年以下监禁。作为情节特别严重考虑的例子尤其如，转让、销售等已经在很大范围内发生、包含引起重大损害的明显危险。

第二百六十四条 任何人非法实施下列行为，处罚金或6个月以下监禁：

（一）进入他人房屋或其他不允许外人自由进入的他人场所；或

（二）在他人要求离开后，未能离开他人的场所。

如果上述第一款第（一）项规定的行为是为了获取或了解一个公司的商业秘密，或其他情节特别严重的，可以加重处罚，处6年以下监禁。作为情节特别严重考虑的例子尤其如，已经实施的行为给他人造成了严重的损害，或包含造成严重损害的明显危险。

第二百六十四条之一 任何人在非公共场所拍摄他人照片，应处以罚金或6个月以下监禁。同样的刑罚应适用于利用望远镜或其他设备非法观察他人。

第二百六十四条之二 （废止）。

第二百六十四条之三 本法第二百六十三条、第二百六十四条和第二百六十四条之一的规定，同样适用于任何人未参加这些行为，但获取或非法利用由于这些犯罪行为而公开的信息。

第二百六十四条之四 任何人非法转发关于他人私生活，或明显不希望为公众所知悉的信息或图片，处罚金或6个月以下监禁。同样的规定适用于转发已去世的人的信息和照片。

第二百六十五条 任何人在警察警告以后，仍以侵扰他人、用书信追求他人或以其他相似的给他人带来不便的方法侵扰他人的平静，处罚金或2年以下监禁。本法所称的警告一次5年有效。

第二百六十六条 任何人以可能引起他人对自己或他人的生命、健康、幸福严重担忧的方式，威胁实施一个可罚行为，处罚金或2年以下监禁。

第二百六十六条之一 除本法第一百三十六条和第二百六十六条规定的情形以外，任何人公开声明，意图激起暴力或破坏性行为，处罚金或1年以下监禁。

第二百六十六条之二 任何人公开地或以广泛散布言论为目的，使某个群体由于这些关于其种族、国籍、道德起源、宗教信仰、性别倾向的言论而受到威胁、攻击或蔑视，处罚金或2年以下监禁。

如果上述行为具有宣传性，在决定刑罚时应将其作为情节特别严重加以考虑。

第二百六十六条之三 在一个案件的判决已经被宣告撤销后，

任何人仍继续经常无根据地针对该案件涉及的人，就像他受到起诉一样制造言论，如果这些言论在公共舆论中可能对言论所涉及的人造成损害，处罚金或4个月以下监禁。

第二百六十七条 任何人通过冒犯的语言、行为，或通过制造、散布有关他人的言论，从而使他人生活圈子的人可能对他产生蔑视，处罚金或4个月以下监禁。

第二百六十七条之一 （废止）。

第二百六十八条 如果恶意制造或散布言论，或者言论的发布者对发布的言论的真实性没有合理的根据，构成诽谤罪，则本法第二百六十七条规定的刑罚可以加重，处2年以下监禁。

第二百六十九条 如果一种言论是建立在真实事实的基础上，或者言论的发布者是善意的，且有义务说明或明显为合法保护本人、他人或公共利益，则这种言论没有可罚性。

当出现了能证明言论真实性的合理根据时，可以免除处罚。

第二百七十条 当制造言论的方式具有不适当的冒犯性，即使言论是真实的，本法第二百六十七条规定的刑罚同样适用；如果言论的发布者无合理根据地侮辱他人，适用同样的刑罚。

第二百七十一条 如果言论涉及的被告已经在国内或国外被宣告无罪，就不允许言论的发布者证明所涉及的事实的真实性。

从犯罪的性质、实施的时间以及其他情况考虑，如果犯罪人有合理的理由要求这一行为不应现在被揭露，即使有证据证明言论所涉及的可罚行为是真实的，也不能免除言论发布者的责任。

第二百七十二条 如果本法第二百六十七条规定的行为是由于被害方不适当的行为刺激所引起，或者行为人同时构成报复罪，则本法第二百六十七条规定的刑罚可以免除。

第二百七十三条 如果一个诽谤性的言论是不公正的，在被害方的要求下，法院的判决中应陈述该言论所造成的影响。

任何人发布诽谤性的言论时，在被害方的要求下，法院可以要求他支付一定的费用，以便在一个或几个公共报刊上全文刊登法院的判决，或连同法院的推理一同刊登。根据上述第一款，即使判决只宣布其中一种言论不实，这一规定也同样适用。

第二百七十四条 任何人制造或散布言论，侵犯已去世的人的名誉，处罚金；构成诽谤罪的，处4个月以下监禁。

针对一个已逝世二十年以上的人制造诽谤性的言论，仅在符合本法第二百六十八条之规定时才应承担刑事责任。

第二百七十五条 除涉及本法第二百六十六条、第二百六十六条之一、第二百六十六条之二的犯罪以外，本章规定的犯罪属于自诉案件。

涉及本法第二百六十三条至第二百六十五条规定的犯罪，在被告一方的要求下，可以由公诉机关提起公诉。如果审判时或犯罪时一个人正担任公职或正在执行公共职能，而针对他的诉讼可能涉及剥夺公职或公共职能，以及当控告是以匿名信的方式进行的，或控告信的签名是虚假的、伪造的，也应由公诉机关提起公诉。

第二百七十五条之一 （废止）。

第二十八章 财产犯罪

第二百七十六条 任何人未经财产所有人同意，以为自己或他人获取非法利益为目的拿走他人有形财物，构成盗窃罪。本条以及下列各条中，处于生产、贮存、使用过程中的、用于产生光、热、动力或其他经济性目的的能源视同于有形财物。

第二百七十七条 任何人以为自己或他人获取非法利益为目的，侵占脱离他人占有的物品，或侵占由于所有人的粗心大意或其他相似的意外事件而处于犯罪人控制的物品，构成侵占遗失物品罪。

第二百七十八条 任何人以为自己或他人获取非法利益为目的，实施下列行为之一，构成侵占罪：

（一）侵占处于自己控制的他人有形财物，且不属于本法第二百七十七条规定的情形；

（二）拒绝承认收到了经济性或其他借款，以及拒绝承认收到了应支付报酬的劳务；

（三）非法消费委托他保管的金钱，即使没有义务将他人委托保管的资金从自己的资金中独立出来。

上述第一款第（一）项的规定不包括处置已经购买过来的物品，以及直到购买人付清价款后才转移占有的物品。

第二百七十九条 任何人以为自己或他人获取非法利益为目的，通过非法引起、证实、利用一个幻觉，使他人实施或不实施某一行为，从而导致受骗人或其他受这一作为或不作为影响的人损失财产，构成诈骗罪。

第二百七十九条之一 任何人以为自己或他人获取非法利益为目的，非法更改、增加、删除信息或用于电子数据处理的程序，或者以其他方式试图影响电子数据处理结果，构成计算机诈骗罪。

第二百八十条 任何人以为自己或他人获取非法利益为目的，通过以下方法给他人造成损失，除符合本法第二百七十六条至第二百七十九条之一规定的情形外，构成背信罪：

（一）滥用委托人授予他代表委托人执行法律事务的权力；或

（二）在代表委托人管理财产时违反委托人的利益。

第二百八十一条 任何人实施下列行为，除符合本法第二百八十八条规定的情形以外，构成敲诈勒索罪：

（一）以为自己或他人获取非法利益为目的，以暴力、重大财产损害、剥夺自由、指控一个并不存在的可罚行为或不光彩行为、揭露他人隐私威胁他人；或

（二）以为自己或他人获取合法利益为目的，不合理地指控一个并不存在的可罚行为或不光彩行为威胁他人。

第二百八十二条 任何人利用他人严重经济困难或个人困境、缺乏知识、没有责任能力、现存的依附状态，获取或在合同中规定一个与回报不成比例的付款或永无止尽的付款，构成放高利贷罪。

第二百八十三条 任何人以为自己或他人获取非法利益为目的实施下列行为，构成侵占资金罪：

（一）变卖、典当、质押或其他方式处置自己的但第三方有请求权的财物，且这一处置行为与第三方的请求权相冲突；或

（二）在破产清算程序启动以后，或开始协商达成和解协议①

① 和解协议通常涉及减少债务或延期付款。

以后，意图从债权人那里取回财产或利益而实施相应的行为；

（三）虚假伪装、隐藏、有名无实的合同、重大馈赠、奢侈消费、低价变卖、不当地支付债务或为债务提供担保，或以其他相似的方式从债权人或债权人之一那里取回财产或利益。

如果上述第一款第（三）项规定的行为是为了债权人的利益而实施，债权人只有在行为时预见到即将面临破产或债务人会延期支付时，并诱使债务人同意给他这种便利的情况下才承担刑事责任。

第二百八十四条 （废止）。

第二百八十五条 涉及本法第二百七十六条、第二百七十八条至第二百八十三条的犯罪，处一年零六个月以下监禁。第二百八十三条第（二）项规定的行为中，关于债务人和获利的债权人的刑罚可以减轻为罚金。

侵占丢失财物罪处罚金或一年零六个月监禁。

第二百八十六条 如果涉及本法第二百七十六条、第二百八十一条和第二百八十二条提及的犯罪情节特别恶劣，尤其如实施的方式、有多人共同实施、持有武器或其他危险性器具或工具、被盗财物价值特别大、财物保存的状况、反复多次实施犯罪的，可以加重处罚，处6年以下监禁。

如果涉及本法第二百七十八条至第二百八十条、第二百八十三条规定的犯罪性质特别恶劣的情况，尤其如实施的方式、有多人共同实施、取得或意图取得财物的内容、反复多次实施犯罪，可以加重处罚，处8年以下监禁。

第二百八十七条 如果涉及本法第二百七十六条至第二百八十三条规定的犯罪由于实施行为的特殊状况、侵占或损失财物的价值较小以及由于其他原因情节比较轻微，处罚金；情节特别轻微的，可以免除处罚。

上述第一款包含的犯罪，未遂也应处罚。

第二百八十八条 任何人以为自己或他人获取非法利益为目的，使用暴力或以当场使用暴力相威胁，实施下列行为，构成抢劫罪，处6年以下监禁：

(一) 从他人那里拿走或抢走属于第三人的有形财物；或

(二) 拿走盗窃来的物品；或

(三) 迫使他人实施或不实施某种行为，以致他人或第三人损失财物；

如果抢劫性质特别严重，尤其如在特别危险的场所、抢劫的方式、获取或意图获取财物的内容、反复多次实施犯罪，可以加重处罚，处10年以下监禁。

第二百八十九条 任何人以为自己或他人获取非法利益为目的，严重违反税收、关税、补贴法律规定，或违反本法第二百八十九条之一，处8年以下监禁。

上述第一款的规定仅在上述第一款提及的法规有相关规定时才适用。

第二百八十九条之一 任何人在决定缴纳或返还关税、其他税金；从丹麦政府、欧盟或其他联盟机关①缴纳或返还补贴、扶助金时，提供错误或虚假的信息，或不提供信息，包括未能履行对缴纳或返还这些税费重要的信息的披露职责，意图为自己或他人逃避缴纳义务，或非法获取利益，处罚金或一年零六个月以下监禁。

同样的刑罚应适用于，任何人非法使用上述第一款提及的合法取得的利益，非法将上述第一款提及的款项挪做他用。但这一刑罚不适用于挪用给私人使用的款项。

上述第一款、第二款的规定只有在其他法律没有包含同等规定时才适用。

违反上述第一款、第二款，情节特别严重的，依照本法第二百八十九条处罚。

第二百九十条 任何人为自己或他人利益，非法接受、获取犯罪行为取得的利润的一部分，或为了他人利益，通过隐匿、保存、运输、帮助处置以及以其他相似的方式保护犯罪取得的利润的，构成接受偷盗物品罪，处罚金或一年零六个月以下监禁。

① 丹麦是欧盟成员国，也是北欧（丹麦、瑞典、挪威、芬兰、冰岛五国）的主要成员国。

如果接受偷盗物品性质特别严重，尤其如犯罪具有商业性、获取或意图获取物品的内容、反复多次实施犯罪，可以加重处罚，处6年以下监禁。

本条规定的刑罚不适用于从家庭成员或同居者那里接受利润，以维持日常生活；本条规定的刑罚也不适用于以正常对价取得用于普通消费、日常生活使用或服务的物品。

第二百九十一条 任何人销毁、损坏、转移他人的财物，处罚金或一年零六个月以下监禁。

如果对财物造成重大损害，或有计划、有组织地实施犯罪行为，以及犯罪人以前因违反本法第一百八十条、第一百八十一条、第一百八十三条第一款或第二款、第一百八十四条第四款、第一百九十三条、第一百九十四条被宣判有罪，可以加重处罚，处6年以下监禁。

在上述第二款涉及的情况下，如果损害是由于严重过失所致，处罚金或6个月以下监禁。

第二百九十二条 任何人销毁、损坏、转移自己的财物，因而使他的债权人或其中的某个债权人无法实现债权，处罚金或1年以下监禁。

第二百九十三条 任何人非法使用他人财物，处罚金或1年以下监禁，除非符合本法第一百九十三条之一的规定。情节特别严重的，尤其如使用后没有归还，可以加重处罚，处2年以下监禁。

任何人非法妨碍他人完全或部分地处置自己的财物，处罚金或1年以下监禁。如果犯罪是有计划、有组织地实施，或其他情节特别严重的，可以加重处罚，处2年以下监禁。

第二百九十三条之一 任何人非法使用他人的机动车辆，构成未经同意使用他人机动车辆罪，处罚金或一年零六个月以下监禁；情节特别严重的，尤其如累犯，可以加重处罚，处4年以下监禁。

第二百九十四条 任何人不依据法律，擅自处理应由司法机关处理的事务，处罚金。

第二百九十五条 任何人损害他人、公共当局的权利，在淡水或领海中修建堤坝、永久性设施，处罚金或3个月以下监禁。

第二百九十六条 任何人实施下列行为之一，处罚金或一年零六个月以下监禁：

（一）散布虚假的或误导性的能明显影响证券以及其他相似资产的价格的信息；

（二）在下列活动中提供关于法人事务状态虚假的或误导性的信息：

(1) 在关于经济状况的公告中；

(2) 在法律要求的账目中；

(3) 在提交给法人的股东大会、管理层会议的报告、账目、声明中；

(4) 在登记机关的登记文件中；

(5) 在法人的建立、资本增加、股份的销售、可转换债券的发行中。

（三）严重违反法人管理法规的下列规定：

(1) 追加新资本，或

(2) 法人资金的使用。

（四）严重违反法人管理法规规定的下列义务：

(1) 保存会议纪要；

(2) 保存股东名册以及履行向股东披露职责的资料；

(3) 当资本损失确定后，采取相应措施的职责。①

如果上述第一款涉及的作为或不作为是由于严重的过失所致，处罚金；后果特别严重的，处4个月以下监禁。

第二百九十七条 任何人散布能明显影响物品、房地产以及相似资产价格的虚假或误导性信息，处罚金或一年零六个月以下监禁。

如果涉及上述第一款的行为是由于严重的过失所致，处罚金；

---

① 根据资本充实原则，当法人资本低于注册资本时，要么追加资本，要么减少注册资本，保持资本充实，以保护相对人的利益。

后果特别严重的，处 4 个月以下监禁。

第二百九十八条　除符合本法第二百九十七条规定的情形以外，任何人实施下列行为之一，处罚金或 6 个月以下监禁：

(一) 通过虚假伪装自己的偿还能力，为自己或他人贷款或赊购物品，给他人造成财产损失；

(二) 消费预付报酬，以致不能履行自己的偿还责任；

(三) 未支付住宿费、饮食费、运输费，以及未支付其他明确要求离开前先付款的费用而离去；

(四) 未支付表演费、展览费、公共运输费，以及未支付其他使用前需要付费的公共设施的使用费，而进入那些场所或使用公共设施。

第二百九十九条　除符合本法第二百八十条规定的情形以外，任何人实施下列行为之一，处罚金或一年零六个月以下监禁：

(一) 在履行管理他人财产职责时，玩忽职守，事先未经充分判断，造成他人重大财产损失；

(二) 在履行管理他人财物的职责时，玩忽职守，为了自己或他人利益，收受、要求、接受他人给予礼物或其他好处的许诺；或者任何人给予、许诺、提供这种礼物或好处。

第二百九十九条之一　任何人违反《市场实施法》第十九条之规定，情节特别严重的，处 6 年以下监禁。情节特别严重的，尤其如行为造成了严重损害或包含造成严重损害的明显危险。

第二百九十九条之二　任何人严重违反《版权法》第七十六条第二款，侵犯他人复制权，或严重违反《版权法》第七十七条第二款，非法进口，以为自己或他人获取非法利益为目的，或其他情节特别严重的，处 6 年以下监禁。

第三百条　任何人实施下列行为之一，处罚金或 1 年以下监禁：

(一) 行为时意识到或应该意识到自己无力偿还债务，通过举借新的债务、不适当地支付债务或为其提供担保，严重恶化自己的经济状况，给他人造成重大损失；

（二）通过奢侈的消费习惯、赌博、进行与其经济状况极不相称的经营活动、极其错误地处理个人事务，或其他粗心的行为，给他的债权人造成重大损失；

（三）在履行债务人或委托代理人的职责过程中，当为开始商讨和解协议提交必要声明时作出错误的陈述，或者严重不负责任。

第三百条之一 除符合本法第二百七十九条规定的情形以外，任何人以非法方法故意或严重过失导致他人处于幻觉状态，使处于幻觉状态的人或受行为人的作为或不作为影响的人遭受重大财产损失，处罚金或6个月以下监禁。

第三百条之二 除符合本法第二百八十二条规定的情形以外，任何人不适当地利用他人的经济困境或不利地位达成一个合同，处罚金或6个月以下监禁。

第三百条之三 任何人转让他人通过违反本法第二百八十二条、第三百条之一、第三百条之二的规定取得的债权，如果他取得该债权时对债权性质的不了解是由于严重的过失，处罚金或6个月以下监禁。同样的刑罚应适用于，任何人由于严重过失从他人违反本法第二百八十二条、第三百条之一、第三百条之二规定的行为中取得不适当的利益。

第三百零一条 任何人以非法使用为目的，制造、获取、转让下列信息或卡号，处罚金或一年零六个月以下监禁：

（一）识别他人支付方式的信息；或

（二）制造的付款卡的卡号。

如果大规模实施上述第一款提及的转让、制造等行为，或情节特别严重的，处6年以下监禁。

上述第一款的规定不适用于真实的付款卡的卡号。

第二百零一条之一 任何人非法获取、转让信息系统的密码或其他进入方式，而这些密码由付款用户所持有，或者通过密码或某种特殊限制来保证安全，处罚金或1年以下监禁。

如果上述第一款提及的转让、获取等行为情节特别严重，处6年以下监禁。作为情节特别严重考虑的例子尤其如，商业化、大范围地转让，具有广泛滥用的重大危险。

第三百零二条　除符合本法第二百九十六条规定的情形以外，任何人严重违反法律关于下列问题的规定之一，处罚金或一年零六个月以下监禁：

（一）财务账簿，包括交易登记、会计核算预备材料；

（二）保存会计核算材料，包括财务账簿的描述、保存和寻找材料的信息系统，含进入密码、密码设定等；

（三）向公共当局提交依据特殊法律要求提交的核算材料；

（四）年度财务会计报告或相似的财务账目。

当涉及上述第一款的作为或不作为是由于严重过失所实施时，处罚金或4个月以下监禁。

第三百零三条　任何人由于严重过失购买、收受或以其他相似的方式取得贪利型犯罪的赃物，处罚金或6个月以下监禁。

第三百零四条　当财产权可以通过投票来改变时，任何人为自己或他人不适当地取得允许或委托，参加这种投票活动，或者投下比自己拥有的投票权更多的票，或者对投票施加不当影响，处罚金或4个月以下监禁。

同样的刑罚适用于任何人在破产财产投票、无抵押担保财产的投票中，或在商讨达成和解协议投票中虚假投票；也适用于任何人为使他人以特定的方式投票或不投票而给予、许诺、提供、接受、要求、收受许诺给予的经济性好处。

第三百零四条之一　任何人向在国内或国外执行裁判职务的人非法给予、许诺、提供礼物或其他好处，诱使执行裁判职务的人在执行职务时实施或不实施某种行为，处罚金或一年零六个月以下监禁。

同样的刑罚适用于在国内或国外执行裁判职务的人，在履行职务时非法收受、要求、接受他人许诺给予的礼物或好处。

第三百零五条　除非危害公共利益，本法第二百九十一条第一款和第三款、第二百九十三条第二款、第二百九十八条、第二百九十九条规定的犯罪仅在被害方的要求下才由公诉机关提起公诉。

本法第二百九十四条规定的犯罪由被害人提起自诉。

第二十九章　关于法人的特殊规定

第三百零六条　公司、企业等（法律拟制的人）违反本法，依据第五章的规定承担刑事责任。

矫 治 法

根据 2005 年 3 月 18 日第 207 号议案，由 2005 年 5 月 24 日第 367 号法案和 2005 年 6 月 6 日第 430 号法案修改。

第一部分　序言性规定

第一章　本法的适用范围与主要执行机关

适用范围

第一条　下列刑罚依照本法执行：

（一）监禁；

（二）罚金；

（三）缓刑；

（四）社区服务；

（五）关押于安全监护所。

主管机关

第二条　司法部的监狱和缓刑部门负责本法第一条提及的刑罚的执行。

第二章　刑事制裁措施执行的一般规定

第三条　刑事制裁措施执行的目的既是为了执行具体的刑罚，又是为了帮助和影响服刑犯人过上守法的生活。

第四条　除法律规定或具体刑罚措施本身的限制以外，刑罚执行期间不应对服刑犯人的生存施加任何限制。

第二部分 监 禁 刑

第三章 一般规定

第五条 司法部长应当制定有关建立执行监禁刑的监狱和缓刑执行机构所属部门的规定，以及关于将开放式管教设施和封闭式管教设施分开设立的规定。

第六条 司法部长应当制定由于意外事故，服刑犯人在监狱与缓刑执行机构受到伤害的补偿规定。

第七条 因法院判决而需要服监禁刑的人，在监禁刑执行以前，监狱和缓刑执行机构应当了解与他的工作、教育相关的情况以及与其刑罚执行相关的社会背景和个人情况。

司法部长应当制定关于如何了解上述第一款规定的各种情况的规定。

第四章 刑罚执行的开始

第八条 监禁刑应尽快开始执行。

在判决宣告以后没有立即收监执行的犯罪人，当收到监狱和缓刑执行机构下属机关的通知后，刑罚开始执行。①

判决宣告后在押的犯罪人，或正在执行另一监禁刑的犯罪人，

① 由于监狱容量有限，对于轻微犯罪，判决宣告以后通常不立即执行刑罚，而要等监狱和缓刑执行机构的通知才能开始服刑。如果一个犯人等待服刑的时间超过了 12 个月，有可能免除其刑罚执行。

当监狱和缓刑执行机构对他们发出执行通知时，刑罚开始执行。

依据本法第十三章的规定被允许在密切监督和控制下的家庭羁押所服刑的已决犯，当监狱和缓刑执行机构对他们发出通知时，刑罚开始执行。

第九条 如果终审判决后的犯罪人没有被羁押，经传唤后开始执行监禁刑。相关部门依据司法部长发布的规定进行传唤。

如果一个犯罪人提出特别申请，请求尽快执行他的刑罚，监狱和缓刑执行机构应尽可能地满足这一请求。

第五章 中止执行和缓期执行

第十条 当出现下列情况时，司法部长或被授予这种权力的人可以决定，监禁刑或监禁刑的一部分可以中止执行：

（一）从犯罪人的具体情况，包括工作、教育、家庭及健康考虑，中止执行是必要的，并且

（二）相关法律不禁止中止执行犯罪人的监禁刑。

第十一条 司法部长应当制定中止执行监禁刑的程序规则以及暂缓执行的管理程序。关于这一问题，司法部长有权决定仅在某一时间期限届满前提交申请，才能依据本法第十二条的规定获得中止的效力。

第十二条 如果一个未被收监的犯罪人及时提出中止执行或缓期执行的申请，直到就这一申请作出决定前，刑罚的执行应当中止。

如果一个服刑犯人以前已经获得过中止执行，或者申请中止执行或缓期执行的申请已被拒绝，那么仅在新申请包含有重要意义的新理由，且新理由得到有效证明的情况下，或者有其他特殊理由等待对新申请作出裁决，在考虑是否批准这一新申请期间，刑罚才中止执行。

第十三条 中止执行以服刑犯人不实施犯罪为条件。中止执行还可以要求犯罪人遵守规定的条件，包括服从监狱和缓刑执行机构的监督。

如果犯罪人不遵守批准中止执行时规定的条件，或者如果知悉在批准中止执行以前犯罪人已实施过犯罪行为，可以撤销中止执行的决定，以便此后尽快执行监禁刑。

第六章　刑期的计算

第十四条　在计算刑期时，监狱和缓刑执行机构应当确定：

（一）整个刑罚执行完毕释放的时间；

（二）依据《刑法》第三十八条第一款之规定，当原判刑期的2/3执行完以后可能假释的时间；

（三）依据《刑法》第四十一条第一款之规定，当终身监禁刑执行满12年后可能假释的时间。

当服刑犯人在终审判决作出后仍受羁押，应当认定自终审判决的那天开始执行监禁刑。

终审判决后犯罪人没有收监的，以执行刑罚为目的收监或逮捕服刑犯人之时视为刑罚开始执行。

第十五条　当刑罚执行开始后，应尽快将刑罚的期限通知服刑犯人。

第十六条　如果刑罚的执行被中止，或者计算刑罚期限的前提条件发生变化，刑罚的期限由监狱和缓刑执行机构计算。监狱和缓刑执行机构应尽快将重新计算的期限通知服刑犯人。

第十七条　当服刑犯人需要连续执行数个监禁刑时，刑罚的执行期限应当以数个监禁刑累加进行计算。

第十八条　在计算执行期限时，应依据《刑法》第八十六条之规定扣减逮捕、羁押、强制进行精神病检测的期限。

如果服刑犯人因其他案件被逮捕、羁押、强制进行精神病检测，且其他案件服刑犯人被无罪释放或者免除处罚，在计算这一犯罪的刑罚执行期限时，也应扣除上述逮捕、羁押、强制进行精神病检测的期限。在计算扣减期限时，以连续关押24小时为一日，并另加连续关押时间的50%得出的最近似的时日作为扣减期限。但是，这种扣减方式只适用依据本法第七十五条之规定中止执行监禁刑的情况。

如果服刑犯人因没有正当理由被关押于审讯室、惩罚囚室或安全囚室，或没有正当理由参照本法第一百零六条第二款、第三款之规定禁止服刑犯人与外界的联系，在计算执行期限时，要另外扣减24小时不间断关押的期限的50%得出的最近似的期限。

依据上述第二款扣减执行期限后，不再依据《司法行政法》第九十三章之一的规定对剥夺自由进行补偿。依据上述第三款扣减执行期限后，不再依据本法第一百零六条第二款、第三款之规定对上述不正当措施进行补偿。

第十九条 司法部长应当制定计算执行期限的规定。

第七章 矫治机构的选择及随后在矫治机构之间转移

执行机构等

第二十条 监禁刑在监狱或拘留所中执行。

在特殊情况下，依据本法第七十八条关于关押到或转移到特殊执行机构的规定，监禁刑可以在监狱和缓刑执行机构所属的较宽松的管教所，或在监狱和缓刑执行机构之外的机构执行。

在特殊情况下，依据本法第七十八条之一和第七十八条之六的规定，监禁刑可以在受到密切监督和控制的家庭感化中心执行。

关押于监狱和拘留所

第二十一条 监禁刑通常在监狱中执行。

基于对监狱和缓刑执行机构容量的考虑，必要时短期监禁刑可以在拘留所执行。

如果符合下列情形之一，监禁刑也可以在拘留所中执行：

（一）防止同室犯人、执行机构的工作人员和其他人员免受侵害而有必要；

（二）有具体理由推断服刑犯人有危险性，或服刑犯人所犯罪行显示其有危险性，为预防其逃跑、纵火、与毒品贩子从事毒品交易；

（三）保护服刑犯人免受虐待而有必要；

（四）根据服刑犯人的医疗情况，应当被关押到 Vestre 医院。

仅在服刑犯人希望且符合下列条件时，监禁刑才能在拘留所执行：

（一）为工作、教育或其他获准的活动提供了可能；或

（二）服刑犯人特殊的家庭关系或其他个人情况适合在拘留所服刑。

关押于开放式或封闭式监狱

第二十二条 监禁刑的执行通常在开放式的监狱中执行。

但当判决刑期在 5 年以上时，刑罚的执行应在封闭式监狱中执行。基于对已获知的服刑犯人的具体情况的了解，如果认为服刑犯人并不鲁莽，即使判决刑期在 5 年以上，也可以在开放式监狱中执行。

如果为防止同室犯人、矫治机构的工作人员或其他人员免受服刑犯人侵害而有必要，服刑犯人也可以在封闭式监狱中执行。

根据已知的有关服刑犯人的信息和服刑犯人所犯罪行，有具体理由推断，如果服刑犯人关押到开放式监狱，他将实施下列行为的，也应关押于封闭式监狱：

（一）逃跑；或

（二）实施犯罪或严重的违纪行，或作出与关押在开放式监狱明显不协调的行为。

如果属于下列情况，监禁刑也可以在封闭式监狱中执行：

（一）为防止服刑犯人免受虐待而有必要；或

（二）依据服刑犯人的医疗情况，应当关押到精神病管理机构。

如果服刑犯人希望，且其特殊的家庭关系及其他服刑犯人的个人情况适合在封闭式监狱执行，也应在封闭式监狱中执行。

矫治机构的选择

第二十三条 在实际条件允许的情况下，监禁刑的执行应在近似于服刑犯人家中的环境执行。在决定服刑犯人应在开放式还是封闭式监狱，或拘留所中服刑时，应当考虑服刑犯人的愿望，特别应考虑服刑犯人的工作、家庭以及与健康相关的情况。

以下情况不受上述第一款第一句的限制：

（一）短期监禁刑；

（二）出于对整个监狱与缓刑执行机构容量的考虑；

（三）为避免服刑犯人受到虐待；

（四）为给服刑犯人提供教学、医疗或其他特殊帮助；

（五）防止侵害同室犯、管教机构的工作人员或其他人员；

（六）为防止服刑犯人逃跑；

（七）为避免服刑犯人在雇用了与其有密切关系的人的管教机构中服刑。

从封闭式监狱转移到开放式监狱

第二十四条 当出现下列情形时，关押于封闭式监狱中的服刑犯人应转移到开放式监狱：

（一）不再符合本法第二十二条第三款至第六款，以及本法第二十五条第二款至第四款和第六款规定的条件；

（二）认为转移到开放式监狱并无不当。

如果剩余刑期相当短，可以不转移到开放式监狱。

从开放式监狱转移到封闭式监狱

第二十五条 当出现下列情形之一时，关押在开放式监狱中的服刑犯人可以被转移到封闭式监狱：

（一）服刑人逃跑或试图逃跑；

（二）发现服刑犯人持有较大数量的毒品；

（三）有具体理由推断服刑人已经在监狱内偷带了毒品，或从事了毒品交易；

（四）有具体理由推断服刑人已经侵害同室犯人、管教机构的工作人员或其他人员。

如果认为预防服刑人侵害同室犯人、管教机构的工作人员或其他人员而有必要，关押于开放式监狱中的服刑犯人也可以被转移到封闭式监狱。

依据当前获得的信息，有特别可靠的证据怀疑服刑犯人长期关押在开放式监狱，他可能会实施下列行为，也可以从开放式监狱转移到封闭式监狱。

（一）逃跑；或

（二）实施严重的犯罪或严重的违纪行为，作出与关押在开放式监狱明显不协调的举动。

基于下列理由，关押在开放式监狱中的服刑犯人也可以转移到封闭式监狱：

（一）保护服刑犯人不受虐待而有必要；或

（二）依据服刑犯人的医疗情况，服刑犯人应转移到精神病人治疗机构，即安斯敦·威德·哈斯托德威斯特医院。

当有理由相信转移到封闭式监狱的条件具备时，在考虑是否转移到封闭式监狱的过程中，可以将服刑犯人暂时转移到拘留所关押。如果服刑犯人同意这种处置方式，可以用关押于拘留所代替转移到封闭式监狱。如果依据上述第四款转移到精神病人治疗机构（安斯敦·威德·哈斯托德威斯特医院），暂时关押于这种精神病人治疗机构与关押于封闭式监狱具有同样的效力。

如果服刑犯人特殊的家庭关系或其他个人情况需要转移到封闭式监狱，服刑犯人也可以自愿从开放式监狱转移到封闭式监狱。

服刑犯人在同等的矫治机构之间转移

第二十六条 如果属于下列情况之一，服刑犯人可以在开放式监狱之间、封闭式监狱或拘留所之间转移：

（一）基于整个监狱或缓刑执行机构容量的考虑；

（二）为保护服刑犯人免受虐待；

（三）为服刑犯人提供教学、医疗或其他帮助；

（四）防止侵害同室服刑犯人、矫治机构的工作人员或其他人员；

（五）如果有具体理由推断服刑犯人已经侵害了同室服刑犯人、矫治机构的工作人员或其他人员；

（六）如果有具体理由推断服刑犯人将逃跑、纵火、携带或从事毒品交易，并且认为阻止服刑犯人实施这种性质的行为而有必要；

（七）如果服刑犯人希望，且服刑犯人特殊的家庭关系或其他个人情况需要这样转移；

（八）为避免服刑犯人在雇用了与其有密切关系的人的矫治机构中服刑。

从拘留所转移到监狱

第二十七条 当不再符合本法第二十一条第三款和第四款、第二十八条第一款和第三款规定的条件时，关押在拘留所中的服刑犯人应转移到监狱。但如果剩余刑期很短，也可以不转移。

当出现下列情况之一时，关押在拘留所中的服刑犯人也可以被转移到监狱：

（一）基于对监狱和矫治机构容量的考虑；

（二）为预防侵害同室服刑犯人、矫治机构的工作人员或其他人员；

（三）尽可能为服刑犯人提供教学、医疗或其他特殊帮助。

依据上述第一款或第二款之规定转移到开放式监狱还是转移到封闭式监狱的决定，应依照本法第二十二条之规定，并参照本法第二十四条和第二十五条之规定裁决。

从监狱转移到拘留所

第二十八条 基于下列理由之一，服刑犯人可以从监狱转移到拘留所：

（一）为预防侵害同室服刑犯人、矫治机构的工作人员或其他人员而有必要；

（二）如果有具体理由推断服刑犯人将逃跑、纵火、携带或从事毒品交易，并且认为阻止服刑犯人实施这种性质的行为而有必要；

（三）为保护服刑犯人免受虐待而有必要；

（四）根据服刑犯人的医疗情况，应当转移到 Vestre 医院。

将服刑犯人从开放式监狱转移到封闭式监狱，如果转移的期限不超过 8 周，可以依据本法第二十五条第一款、第二款、第三款之规定，将其转移到拘留所以代替转移到封闭式监狱。

一个在监狱中服刑的服刑犯人，如果他希望转移到拘留所且符合下列条件之一，也可以转移到拘留所：

（一）有益于服刑犯人的工作、教育或其他允许的活动；

（二）从服刑犯人特殊的家庭关系或其他个人情况看有必要这样转移。

选择新的矫治机构

第二十九条 本法第二十三条的规定同样适用于依据本法第二十四条至第二十八条之规定决定转移。

管理规定

第三十条 司法部长应当制定关于依据本法第二十一条至第二十九条之规定关押与转移的规定。

第八章 在矫治机构服刑期间服刑犯人的权利与义务

建议与计划

第三十一条 服刑犯人关押到矫治机构后，矫治机构应尽快将服刑犯人的权利、义务以及其他刑罚执行的条件告知服刑犯人。

矫治机构必须与服刑犯人合作，尽快制订服刑计划及随后的释放时间。在服刑期间应定期将服刑计划与服刑犯人的实际情况进行比较，如有必要，应依据服刑犯人的实际情况调整服刑计划。

司法部长应当制定相关规定，依据这些规定，对于仅须服短期刑的犯罪人限制适用上述第二款之规定。

指　导

第三十二条 服刑犯人必须遵守矫治机构中从事矫治工作的人员的指导。

社 会 交 往

第三十三条 服刑犯人应尽可能地与其他服刑犯人进行交往。

司法部长或经授权的人有权决定，选择关押可能对同室犯人、矫治机构的工作人员或其他人员产生特殊风险的服刑犯人的监狱、拘留所，可以组织犯罪人在自己的区域内，与另一服刑犯人组成联合囚室的方式开展社会交往。

如果服刑犯人希望且条件允许，监禁刑应当在限制社会交往或不限制社会交往的情况下执行。

如果服刑犯人希望且条件允许，监禁刑可以在不与异性交往的情况下执行，但工作期间的社会交往除外。

依据本法第六十三条、第六十四条之规定，监禁刑可以仅在没有社会交往的情况下执行。

依据上述第一款、第二款之规定，司法部长应当制定有关社会交往的实施细则，包括限制交往的犯罪人和限制交往的空间。

第三十三条之一 当需要特别维护矫治机构的秩序和安全时，包括由于矫治机构中的威胁气氛而需要保护同室服刑犯人及矫治机构工作人员的安全，矫治机构的领导或经授权的人，有权暂时限制或禁止在矫治机构或矫治机构的一部分中进行社交活动。

依据上述第一款暂时限制或禁止社交活动的决定，不应超过为维护矫治机构的安全与秩序所必要的范围。当矫治机构的秩序和安全适合重新开展社会活动时，限制社会交往的措施应当取消。

限制或禁止社会交往的措施，应尽可能宽容地执行。

矫治机构应每天考虑依上述第一款作出的决定是否应该取消或

修改。矫治机构应不断考虑哪些服刑犯人应免除这种限制措施，例如基于矫治机构的矫治工作人员与某个服刑犯人的日常联系，该服刑犯人应免予禁止从事社交活动，比如转移到其他矫治机构。

依据上述第一款作出暂时限制或禁止社会交往的决定后，矫治机构应尽可能通知司法部的监狱或缓刑管理部门。且矫治机构应每日通知上述部门依据上述第一款所作的决定应持续的时间。

依据上述第一款之规定，司法部长应当制定关于暂时限制或禁止社会交往的实施细则。

联合的影响

第三十四条 服刑犯人应尽可能地通过选举发言人的方式，对他们在矫治机构中的生活状况提出意见。

矫治机构的每一个区域或服刑犯人的某一群体选举一名发言人。任何服刑犯人都可以被选举为发言人。所有服刑犯人或发言人有权选举一名共同发言人。发言人和共同发言人以书面的、无记名投票的方式选举产生，并在矫治机构和服刑犯人代表的监督下进行。

服刑犯人无权参与有关服刑犯人个人事务及矫治机构安全事务的讨论。

司法部长应当制定有关服刑犯人发挥联合影响作用的实施细则。

参加宗教活动

第三十五条 服刑犯人有权参加在矫治机构中举行的宗教活动。如果出于对较好的秩序、安全、治安的考虑，矫治机构的负责人或经授权的人可以不允许某个服刑犯人参加宗教活动。

服刑犯人有权与来自宗教机构的牧师或相似人员会谈。

金钱和财物的持有

第三十六条 服刑犯人在矫治机构中有权携带、持有、处置自己的物品，除非这一活动与矫治机构良好的秩序、安全、治安不协调。

司法部长应当制定有关限制服刑犯人在矫治机构携带、持有、处置自己物品的权利的规定。

司法部长应当制定有关允许服刑犯人在矫治机构携带、持有、处置自己金钱的规定。

出版发行

第三十七条 矫治机构的服刑犯人有权出版发行。

监狱为一种刊物的出版发行给予支持。

矫治机构的负责人应事先阅读犯罪人出版的物品。如果基于矫治机构的安全、治安的考虑，或文章的内容严重侵害他人，矫治机构的负责人可以禁止某些文章的发表。

司法部长应当制定有关上述第二款、第三款的实施细则，包括规定支持出版的条件，以及如果规定的支持条件没有遵守时，哪些情况可以中断支持。

工作和教育

第三十八条 服刑犯人有权利和义务被雇用参加工作、教育及其他允许的活动。

基于可行性或其他特殊需要的考虑，司法部长可以制定规定，某些矫治机构或某些犯罪群体不受上述第一款的限制。但矫治机构应尽可能为服刑犯人提供就业机会。

第三十九条 在对服刑犯人个人情况的总体评价的基础上，进行职业选择。

依据上述第一款作出职业选择的决定时，应尽可能考虑服刑人的愿望，尽可能依犯罪人的能力在矫治机构外获取职业和教育。通过指导和其他教育方法，应尽可能为服刑犯人提供建议，弥补犯罪人缺失的基础教育、职业教育或其他教育。

第四十条 矫治机构的工作场所应设计成在安全和健康方面完全适合服刑犯人工作的状况。

第四十一条 司法部长应当制定有关服刑犯人职业的规定。

第四十二条 应对服刑犯人的职业活动提供报酬。也应为矫治机构没有提供职业的服刑犯人和依据本法第三十八条第二款没有职业的服刑犯人支付补偿费。这一规则也适用于由于疾病而没有参加工作的人。

对其他服刑犯人仅应提供他们个人生活所需的费用，但要与下述第三款和本法第一百一十条第一款之规定进行比较。

司法部长应当制定有关依据上述第一款、第二款支付费用的规定，也可以制定关于没有参加工作的服刑犯人如何补偿的规定。

休闲时间

第四十三条 服刑犯人应尽其所能地管理好个人事务，包括做饭和洗衣。

在休闲时间矫治机构应为服刑犯人提供活动的机会。一个服刑犯人有权一天至少在开放空间度过一个小时，除非与保持矫治机构的安全、治安不协调，或除非依照本法第六十六条之规定，犯罪人被关押在安全囚室。

社会服务

第四十四条 矫治机构应有目的地建议和帮助服刑犯人处理与工作相关、教育相关的事务以及社会事务和个人事务，以便实现下列目的：

（一）改善他们过上远离犯罪的生活的能力，并

（二）减少由于剥夺自由导致的负面影响。

与实现上述第一款规定的任务相关，矫治机构应与依据其他法律能为犯罪人提供帮助的人员、机构、行政机关进行联系，以便接受他们的指导。

健康服务

第四十五条 服刑犯人有权享受医疗和其他与健康相关的服务。

经与公共健康部长协商，司法部长可以制定有关对符合《剥

夺精神病人自由和其他限制法》之规定的人员，强制其到精神病人管理机构（即安斯敦·威德·哈斯托德威斯特医院）接受治疗的规定，以及那些不能转移到普通精神病院的人员接受强制治疗的规定。

强制治疗应依上述第二款提及的法律规定的规则执行，包括就矫治机构作出的强制治疗的决定向病人申诉委员会提出申诉。但如果犯罪人没有《刑法》第七十一条规定的帮助人，应当为其指定一名病人顾问。

第九章 服刑犯人与外界的联系

请 假

第四十六条 符合下列条件，允许服刑犯人请假：

（一）请假的理由是基于合理的教育、工作、治疗、家庭或其他个人原因；

（二）没有具体理由推断，犯罪人在请假期间会实施犯罪行为、逃避刑罚的继续执行，或利用请假机会实施其他禁止的行为；且

（三）相关的法律并不反对犯罪人请假。

在评估滥用请假离开的风险时，应特别权衡下列事项：

（一）因实施了危险的犯罪行为而判刑，并且在判决到执行期间没有被释放过；

（二）在执行刑罚期间已经逃跑或试图逃跑过；

（三）在执行刑罚期间已经犯过新罪；

（四）在执行刑罚期间已经出现过请假未归或其他滥用请假的情况；

（五）在执行本刑罚以前，犯罪人在执行其他刑罚过程中出现过上述第（二）项至第（四）项的行为，随后没有满足请假的条件而允许其请假；

（六）未依传唤到矫治机构服刑。

第四十七条 允许请假离开应确定一定的期限，请假离开期间计算在刑罚执行期间内。

第四十八条 允许请假离开以犯罪人不犯新罪，或在请假期间不滥用请假便利为条件。

可以进一步为允许请假离开规定其他条件，以防止犯罪人滥用请假机会，包括在请假期间犯罪人应遵守以下条件：

（一）接受矫治机构工作人员的监督；

（二）夜晚回到拘留所、监狱或监狱和缓刑执行机构的某个关押所；

（三）定期到监狱和缓刑执行机构、警察局报到，或服从相似的监督措施；并

（四）服从《刑法》第五十七规定的条件。

第四十九条 如果出现下列情况，可以撤销请假，或改变允许请假离开的条件：

（一）在请假期间逃跑，或没有遵守依本法第四十八条规定的条件，或

（二）犯罪人新的情况表明，他将滥用请假离开的机会。

第五十条 司法部长应该制定有关允许请假离开的规定。这一规定可以要求，首先必须在矫治机构中服刑一定期限，或执行完刑罚的某一部分后才允许请假；还可以进一步要求，当犯罪人滥用允许请假机会后，一定期限内不允许再次提出请假申请。

探　视

第五十一条 犯罪人每周至少有一次持续 1 个小时，并尽可能地持续到 2 小时接受探视的机会。每个独立的矫治机构可以给予犯罪人较之上述第一句规定的机会更宽松的探视机会。

如果犯罪人因某个刑事案件被关押在一个矫治机构内，被指定或受委托作为辩护人的律师不受上述第一款规定的限制探视犯罪人。同样的规则适用于依据《司法行政法》第七百三十三条之规定，被司法部长批准指定为公共辩护人的律师探视犯罪人。

一个外国的犯罪人与犯罪人所属国的外交机构或领事代表商

谈，不受上述一款之规定的限制。

第五十二条 矫治机构可以决定，探视犯罪人应事先获得矫治机构的允许。允许探视以探视者接受对其外衣及所带物品的检查为条件。

第五十三条 司法部长应制定有关服刑犯人探视权的实施细则。基于保护矫治机关良好的秩序、安全、治安的考虑，司法部长同时还要制定有关限制这种权利，矫治机构的负责人或经授权的人禁止某个人探视，以及探视应在矫治机构工作人员的监督下进行的规定。依据本法第五十一条第二款之规定，律师探视不应受到监督。

有关探视的其他实施规定，由矫治机构的负责人制定。

第五十四条 服刑犯人有权在矫治机构中抚养他未满三岁的子女，只要服刑犯人有能力照看他的子女。

司法部长应当制定实施这种权利的规定。

通　信

第五十五条 服刑犯人有权通信。

无须法院的命令，矫治机构可以开拆或封存服刑犯人收发的信件。除下述第三款规定的情况以外，开拆或封存犯罪人收发的信件要在犯罪人在场的情况下进行。

仅在认为维护矫治机构良好的秩序、安全、治安，或保护受害人的安全所需要时，才可以阅读服刑犯人收发的信件。

当阅读信件后，如果基于矫治机构良好的秩序、安全、治安考虑，或为保护受害人，认为犯罪人拟发出的信件不应寄出，矫治机构的负责人或经授权的人可以命令扣押该信件。

如果一封已收到的信件因上述第四款规定的合理理由不应交给犯罪人，矫治机构应将这封信件寄回发件人。但如果为维护矫治机构的安全、治安所必要，矫治机构可以将收到的信件扣留。

如果信件被扣留，应通知发信人。但关于之所以扣留信件的原因的通告，可以推迟4周发出。

司法部长应当制定有关服刑犯罪人收发信件的权利的实施

细则。

第五十六条 服刑犯罪人有权在不受监禁的情况下与司法部长、监狱与缓刑管理部门的指导员、法院通信，包括与特别申诉法院，特别委员会，公诉机关和警察局，国会申诉专员，国会议员，欧洲人权法院，欧洲防止酷刑、非人道、人格侮辱委员会，联合国反酷刑委员会以及被指定或选择作为服刑犯人所涉刑事案件辩护人的律师通信。这一规则同样适用于与依据《司法行政法》第七百三十三条之规定，被司法部长指定作为公共辩护人的律师通信。

司法部长应当制定关于在不受监督的情况下通信的规定，包括发件人的身份查证的规定。司法部长还应制定有关不受监督与其他个人、丹麦公共当局、外国或国际公共当局通信的权利的规定。

电话会谈

第五十七条 在实际条件允许的情况下，服刑犯人有权进行电话会谈。

如果为维护矫治机构的良好秩序、安全和治安而有必要，或为保护受害人而有必要，可以剥夺服刑犯人进行电话会谈的权利。

在封闭式矫治机构进行电话会谈，矫治机构的工作人员无须法院的命令就可以监听，只要是基于上述第二款规定的目的而有必要。如果监听电话会谈，应事先通知电话会谈双方。

司法部长可以发布有关服刑犯人进行电话会谈的权利的实施细则。

报纸、书等

第五十八条 服刑犯人应能通过阅读报纸、收听广播和电视节目等途径获知外界信息。

服刑犯人有权通过公共图书馆借阅书籍和杂志。

外籍服刑犯人应尽可能获取他们本国语言的报纸、杂志、书籍等。

与媒体的联系

第五十九条 服刑犯人有权在矫治机构内通过媒体发表声明，或就相关事宜接受媒体拍照。

但如果为维护矫治机构良好的秩序、安全、治安而有必要，或为保护被害人、防止正直的公正观念受到明显侵害而有必要，对这一权利可以进行限制。

司法部长可以发布有关依据上述第一款规定的权利的实施细则。

第十章 针对服刑犯人的措施

检查犯罪人的身体和宿舍

第六十条 矫治机构可以检查犯罪人宿舍中或身上的物品，只要这种检查是确保有关维护矫治机构良好的秩序、安全、治安的规定得到遵守而有必要，包括下列情形：

（一）当犯罪人被关押在矫治机构时；

（二）如果怀疑犯罪人非法持有物品；

（三）探视前后；

（四）请假离开矫治机构或牢房前后。

基于良好秩序、安全或治安的考虑，矫治机构的负责人或经授权的人可以决定对犯罪人进行更严格的检查，只要有具体理由推断犯罪人非法持有物品。

从检查的目的、犯罪人所犯之罪以及检查可能造成的不便考虑，如果认为检查措施不适当，就不应进行检查。

在条件允许的情况下检查应尽可能宽容地执行。

仅在极其例外的情况下，才允许与被检查的罪犯异性的人员目击和进行脱衣检查。但这一规则不适用于健康护理人员。

上述第二款提及的检查仅在医生的参加下才能进行。从检查行为可能引起的疼痛和风险，及接受检查者的身体状况考虑，由医生决定某项检查行为是否可行。

矫治机构的负责人或经授权的人可以决定扣留犯罪人持有的物品，只要这种扣留是维护矫治机构良好秩序、安全或治安所必需的。

矫治机构的工作人员还可以阅读从犯罪人持有的物品中发现的信件和便条，矫治机构的负责人或经授权的人可决定扣留这些信件和便条，只要这种行为是维护矫治机构良好秩序、安全或治安所必需的。对这一问题，本法第五十六条之规定同样适用。

司法部长应当制定有关检查服刑犯人及其宿舍的程序规则。

第六十条之一　为检测服刑犯人是否吸食普通法律禁止的毒品或其他物质，矫治机构的负责人或经授权的人可以决定，犯罪人必须提供一定的尿样。

就这一问题，本法第六十条第四款、第五款同样适用。

司法部长可以发布尿样检测的程序规则。

拍照和取指纹

第六十一条　为以后身份识别的目的，矫治机构有权拍照和取指纹。

依据上述第一款之规定，司法部长可以发布有关拍照、取指纹以及贮存、销毁照片和指纹的实施细则。

使用强制力

第六十二条　矫治机构可以对服刑犯人使用强制力，只要使用强制力是由于以下原因之一而有必要：

（一）避免暴力威胁、压制暴力抵抗或预防自杀、自残；

（二）预防逃跑，或阻止逃跑；

（三）为对服刑犯人及时采取某种强制措施，而犯罪人拒绝或无视矫治人员为实施这种强制措施作出的指示。

强制措施可以通过擒拿、盾牌、警棍、催泪瓦斯的方式实施。

从某种强制力的目的、犯罪人所犯之罪以及强制力可能造成的不便考虑，如果认为该强制力是不适当的，就不应适用该种强制力。

在条件允许的情况下，强制措施应尽可能地宽容。在强制措施使用后，如果怀疑犯罪人患病，包括使用强制力引起了伤害，或犯罪人要求给予医疗帮助，应给予犯罪人医疗诊治。

司法部长应当制定有关针对服刑犯人使用强制力的规定。

禁止社会交往

第六十三条 矫治机构的负责人或经授权的人可以禁止犯罪人与其他服刑犯人进行社会交往，只要是由于以下原因之一而有必要：

(一) 预防服刑犯人逃跑、实施犯罪活动或暴力行为；

(二) 为保护矫治机构的安全和治安所必需，或保护健康、预防流行疾病的传播；

(三) 由于犯罪人实施严格禁止的行为，或经常实施禁止的行为，而这些行为表明，犯罪人与矫治机构的其他犯人继续待在一起明显不协调。

如果有理由推断，符合上述第一款有关禁止社会交往的条件，在考虑是否应禁止的过程中，矫治机构可以暂时禁止犯罪人与其他服刑犯人交往。如果有理由推断，符合本法第二十五条有关转移到封闭式监狱，或第二十六条关于在同等封闭式矫治机构之间的转移，以及第二十八条转移到拘留所的条件，在考虑是否转移的过程中，矫治机构也可以暂时禁止犯罪人与其他服刑犯人交往。

被禁止社会交往的犯罪人，应隔离到特殊牢房的宿舍内，或者隔离在自己的宿舍或拘留所中。

如果一个因使用武器或以其他对人身危险的方式而犯罪且正在服刑的犯罪人，在服刑期间或扣押候审期间，已经有过使用武力或使用其他有人身危险性的方式逃跑，或试图逃跑的经历，只要有特别实际的理由怀疑犯罪人试图逃跑就可以决定，应当在特殊的安全囚室和不同的封闭式监狱中的宿舍及拘留所中以轮换隔离的方式来执行。

从对禁止社会交往的目的、犯罪人所犯之罪以及禁止社会交往可能造成的不便考虑，如果认为禁止交往是不适当的，就不应禁止社会交往。

在条件允许的情况下禁止社会交往应尽可能宽容地执行。

当禁止社会交往的条件不再符合时，应立即解除这种措施。至少每周考虑一次是否应部分或全部解除禁止犯罪人进行社会交往的决定。

司法部长应制定有关禁止犯罪人与其他服刑犯人进行社会交往的规定。

第六十四条 本法第六十三条的规定不包括矫治机构关于以下方面的决定：

（一）对于短期刑的服刑犯人，矫治机构基于维护良好的秩序、安全或治安等相关理由将犯罪人隔离于自己的宿舍或特殊的观察室内；或

（二）对拒不参加矫治机构批准的活动的服刑犯人，要求其待在自己的宿舍或工作期间所分配给他的地方。

司法部长应当依据上述第一款制定有关隔离犯人的规定，包括授予和使用观察牢房的规定。

限制器械的使用

手　铐

第六十五条 基于下列需要之一，可以使用手铐：

（一）避免暴力威胁，或压制暴力抵抗；

（二）预防自杀或自残；

（三）防止逃跑。

从对手铐的使用目的、犯罪人所犯之罪，以及使用手铐可能造成的不便考虑，如果认为使用手铐不适当，就不得使用手铐。

在条件允许的情况下，使用手铐应尽可能的宽和。在使用手铐后，如果怀疑犯罪人患病，包括怀疑使用手铐引起了伤害，或犯罪人要求给予医疗帮助，应给予犯罪人医疗诊治。

司法部长应制定手铐的使用规定，包括医疗诊治和其他监督的规定。

安全囚室

第六十六条 符合下列条件，依据矫治机构负责人或经授权人的命令，可以将服刑犯人关押于安全囚室，并使用皮带、手带、脚带及手套强制限制犯罪人：

（一）避免暴力威胁，或压制暴力抵抗；或

（二）阻止自杀或自残。

从对关押于安全囚室并进行人身强制的使用目的、犯罪人所犯之罪，以及关押于安全囚室并进行人身强制可能造成的不便考虑，如果认为关押于安全囚室并进行人身强制不适当，就不得关押于安全囚室并进行人身强制。

在条件允许的情况下，关押于安全囚室并进行人身强制应尽可能地宽和。

对被限制人身自由的服刑犯人，应不间断有人监护。

当服刑犯人被强制限制在安全囚室内时，如果怀疑犯罪人患病，包括怀疑使用手铐引起了伤害，或犯罪人要求给予医疗帮助，矫治机构应立即通知医生看护犯罪人。

当服刑犯人被强制限制在安全囚室内，但没有受到束缚时，如果怀疑犯罪人患病，包括受到伤害，或犯罪人要求给予医疗帮助，矫治机构应通知医生看护犯罪人。

司法部长应制定有关批准关押到安全囚室、使用安全囚室及束缚犯罪人的规定，包括医疗诊治及其他监督的规定。

第十一章　纪律处罚、没收和补偿费的扣除

纪律处罚

第六十七条 出现下列情形之一，经矫治机构负责人或经授权的人同意，可以对服刑犯人作出纪律处罚：

（一）因违反本法第三十二条之规定；

（二）未能按时到监狱，逃跑或试图逃跑；

（三）拒绝依据本法第六十条之规定提交尿样；

（四）饮酒、吸食毒品和普通法律禁止吸食的其他物质；

（五）漠视依据本法第三十八条规定的职业义务；

（六）违反刑法规定，且这一违反同时干扰了矫治机构良好的秩序、安全或治安；

（七）违反司法部长发布的规定，且这种违反可能招致纪律处罚，并且

（八）违反矫治机构负责人发布的规定，且这种违反可能招致纪律处罚。

第六十八条 纪律处罚包括警告、罚款、关押于惩罚性囚室等措施。

但仅在服刑犯人实施了下列行为之一或试图实施下列行为时，才能适用关押于惩罚性囚室：

（一）逃跑或不到矫治机构服刑；

（二）贩卖、持有、消费酒精、毒品以及普通法律禁止使用的物品；

（三）拒绝依据本法第六十条之规定提供尿样；

（四）贩运或持有武器，或其他具有人身危险性的物品；

（五）针对同室犯人、矫治机构的矫治人员和其他人员使用暴力或威胁使用暴力；

（六）实施严重的破坏活动；

（七）实施其他严重的暴力，或经常反复地实施暴力。

罚款和关押于惩罚性囚室两种纪律处罚措施可以联合使用。

在服刑犯人一段时间没有实施犯罪行为或其他违反纪律行为的条件下，可以部分或全部免除纪律处罚。

第六十九条 在以罚款作为纪律处罚时，罚款的量依据违纪行为的性质、内容来确定。但罚款的量应尽可能与犯罪人一周的报酬扣除其个人生活费后剩余的部分相对称。

罚款可以从依据本法第四十二条第一款之规定发放的补偿费中扣除。但向犯罪人支付的补偿费至少应能满足犯罪人的基本生活需要。

第七十条 在以关押于惩罚性囚室作为纪律处罚时，关押的期限由违纪的性质和内容来确定，但不能超过4周。

被处以关押于惩罚性囚室中的犯罪人，应关押到特殊的囚室、自己的宿舍或拘留所。在关押期间禁止犯罪人在监狱中进行社会交往。

司法部长应当制定有关关押于惩罚性囚室的执行规定。

审 讯 室

第七十一条 如果有实质理由怀疑服刑犯人实施了违法行为，且这一违法行为将导致处以关押于惩罚性囚室这一纪律处罚，犯罪人可能被关押到审讯室，只要是为完成违纪事件的调查而有必要。

关押在审讯室不得延长到调查所需时间之后，且不得超过5天。

关押于审讯室的时间计算在关押于惩罚性囚室的期限内。

关押于审讯室依照关押于惩罚性囚室的规定执行。

关于纪律处罚的程序

第七十二条 司法部长应当制定纪律处罚的程序规则。

没 收

第七十三条 如果在矫治机构中非法制造、获取物品或金钱，或者将物品和金钱非法带入矫治机构，矫治机构可以决定没收这些物品或金钱。但如果物品或金钱属于他人，且对非法行为没有责任时，这些物品或金钱不应被没收。

矫治机构还可以没收偷带给犯罪人的物品和金钱。但这一规定不适用于属于第三人的款物，且物品所有人对这一非法行为没有责任。这一规定也不适用于那些虽属犯罪人的款物，但犯罪人能证明他/她不知道这一行为是非法行为。

如果在矫治机构的建筑物内发现上述第一款提及的款物，且无法确定这些款物属于何人，矫治机构也可以决定予以没收。

司法部长应当制定有关没收款物的程序规则。

补偿费的扣减

第七十四条 在服刑中，犯罪人如果损坏了矫治机构的财物，且对损坏行为负有责任时，矫治机构可以决定依据本法第四十二条第一款之规定从犯罪人的工作补偿费中扣除。但支付给犯罪人的费用至少应满足犯罪人的基本生活需要。

司法部长应制定有关补偿费扣减的程序规则。

第十二章　刑罚执行的中止

由于逃跑、未能返回矫治机构服刑、扣押候审等原因而中止执行

第七十五条 如果服刑犯人出现下列情形，监禁刑的执行中止：

（一）没有返回到矫治机构服刑，逃跑，或其他服刑犯人自身引起的原因而逃避刑罚的执行；或

（二）逮捕或扣押候审 24 小时以上。

依据上述第一款之规定，司法部长应制定有关中止执行的具体规定。

第七十六条 当出现下列情形时，司法部长或经授权的人可以允许监禁刑的执行暂时中止：

（一）出现非常特殊的情况，如因工作、教育、家庭或健康原因使刑罚当时不能继续执行；

（二）认为不存在滥用中止执行的危险，且

（三）相关法律并不禁止对犯罪人所判之刑的中止执行。

中止执行的许可以犯罪人不实施犯罪行为为条件。同时，还可以要求犯罪人遵守其他规定的条件，包括服从监狱与缓刑执行机构的监督。

如果犯罪人没有遵守为许可中止执行规定的条件，或有新的信息证明犯罪人在以前中止执行过程中实施过犯罪行为，可以撤销中

止执行的决定，以便刑罚尽快继续执行。

司法部长应当依据上述第一款之规定制定中止执行的规定。

恢 复 执 行

第七十七条 当犯罪人重新回到矫治机构，或为继续执行而将犯罪人逮捕，以及监狱和缓刑执行机构通知继续执行刑事判决的，刑罚恢复执行。

第十三章 在监狱和缓刑执行机构的寄宿所，或在监狱和缓刑执行机构之外的设施执行监禁刑

第七十八条 具备下列条件时，司法部长或经授权的人有权决定，服刑犯人暂时、整个或剩余刑期在医院、监护机构、适当的中途之家或机构中执行：

（一）犯罪人需要特殊的治疗，或护理程度达到了需要关押到某些有护理的机构中；

（二）由于犯罪人的年龄、健康状况及其他特殊情况等特殊原因，不应关押或继续关押在监狱或拘留所；并且

（三）关押在监狱和拘留所之外并不违反法律执行的基本目的。

未满十八周岁的犯罪人应关押在上述第一款规定的机构中，除非关押在监狱和拘留所之外违反法律执行的基本目的。

关押在上述第一款规定的机构中以犯罪人不实施犯罪行为为条件，同时犯罪人还要遵守其他规定的条件，包括服从监狱和缓刑执行机构的监督。

如果服刑犯人没有遵守关押于上述机构的规定，或者获知犯罪人以前关押到这些机构时实施过犯罪行为，可以将犯罪人重新转移到监狱或拘留所。

司法部长应当制定有关关押于监狱、拘留所之外的机构的相关规定。

第十三章之一　在严格监督和控制之下的家庭感化中心执行刑罚

适用范围

第七十八条之一　对于因违反交通法而被处以不超过3个月监禁刑的犯罪人，如果他们申请，依据本章之规定，司法部长或经授权的人可以同意让他们在受到严格监督和控制之下的家庭感化中心服刑。

司法部长应当制定有关申请到受到严格监督和控制之下的家庭感化中心服刑的管理程序。司法部长可以规定，仅在一定期限内提交申请，才能获得中止的效果，以便刑罚的执行暂时中止。

许可条件

第七十八条之二　当符合下列条件之一时，可以许可在严格监督和控制之下的家庭感化中心服刑：

（一）犯罪人在家庭中的表现使犯罪人适合在受到严格监督和控制之下的家庭感化中心服刑；

（二）犯罪人在工作、教育或相似活动中的职业表现适合在严格监督和控制之下的家庭感化中心服刑；

（三）犯罪人以前依据本章之规定执行过监禁刑；

（四）一个与犯罪人共同居住的人，且不超过十八周岁，同意已决犯在服刑时与其共同居住。

如果犯罪人的个人情况不适合在家庭感化中心服刑，许可在家庭感化中心服刑的决定可以被撤销。

在考虑犯罪人是否符合上述第一款规定的第一项至第四项规定的条件时，监狱和缓刑执行机构要对犯罪人的个人情况进行透彻的评估，包括犯罪人的居住情况、职业情况、以及身体及精神情况。

如果监狱和缓刑执行机构认为，基于评估的需要，可以要求犯罪人服从呼吸和尿样检测。

如果犯罪人没有参加上述第三款规定的评估，则不允许在家庭感化中心服刑。

条　件

第七十八条之三　许可犯罪人在受到严格监督和控制之下的家庭感化中心服刑，以犯罪人在服刑期间遵守下列规定为条件：

（一）不实施可罚性的行为；

（二）仅在监督机关规定的期限内可以离开个人居住的场所；

（三）仅能离开个人居住的场所参加监督机关同意的活动；

（四）不能饮酒，不能吸食麻醉品及其他法律禁止的物品；

（五）不能从自己的职业、教育及其他相似的场所消失；

（六）参与监狱和缓刑执行机构制订的、旨在帮助犯罪人过上远离犯罪生活的计划；

（七）服从监狱和缓刑执行机构的监督和控制，包括电子监控等，并且遵守监狱和缓刑执行机构为进行监督而规定的规则；同时

（八）遵守监督机构在家庭感化中心为执行刑罚而制定的规定，并在监督机构规定的时间以前出现在家庭感化中心。

如果执行机构认为有规定其他条件的必要，也可以进一步规定这些条件，包括要求犯罪人在服刑期间服从精心设计的、受到监督的戒酒治疗计划。

监督和控制的实施

第七十八条之四　服刑犯人在服刑期间接受监狱和缓刑执行机构的监督，包括遵守依本法第七十八条之三规定的条件。在执行开始以前，监督机构应告知犯罪人在受到监督和控制条件下服刑的权利与义务，包括违反规定的后果。

如果犯罪人违反在受到严格监督和控制之下的家庭感化中心服刑的规定；如果犯罪人不再符合在这种机构服刑的条件；或者由于犯罪人的行为，监狱和缓刑执行机构不能再对犯罪人实施监督和控

制，监狱和缓刑执行机构应将这些情况向监狱和缓刑部门报告。

司法部长应当制定关于实施监督的规定，包括监督的开始、接触频率、控制探视、呼吸及尿样检测的进行等。

许可的撤销

第七十八条之五 当出现下列情形之一时，司法部长或经授权的人可以撤销许可在严格监督和控制之下的家庭感化中心服刑的决定：

（一）犯罪人要求；

（二）执行开始以前犯罪人实施了可罚行为；

（三）执行开始时或执行过程中，犯罪人因与原判决无关的其他原因而被羁押；

（四）执行开始时或执行过程中，犯罪人符合了本法第七十八条之二第一款第一项、第二项和第四项的规定。

在执行期间如果违反了本法第七十八条之三第一款第一项至第八项规定的一个或多个条件，许可在受到严格监督和控制之下的家庭感化中心服刑的决定也可能被撤销。

应将撤销在受到严格监督和控制之下的家庭感化中心服刑的决定尽快通知犯罪人。

第七十八条之六 执行开始后，撤销在受到严格监督和控制之下的家庭感化中心服刑的决定，应将犯罪人转移到监狱或拘留所执行剩余的刑罚。

在决定是否撤销犯罪人许可在受到严格监督和控制之下的家庭感化中心服刑的过程中，监督机关可以决定将犯罪人暂时转移到监狱或拘留所。

司法部长应制定有关暂时将犯罪人转移到监狱或拘留所的规则。

第十四章 释　放

释放的时间

第七十九条 当刑罚执行完毕，或者犯罪人获准假释、中止执行或暂缓执行时，应将犯罪人释放。

司法部长应当制定有关释放的时间及短时间提前释放的实施细则，包括由于对工作重要的情况或其他特殊情况而提前释放的规定。

第八十条　在刑罚执行过程中，如果依据《刑法》第三十八条第一款之规定可以假释，那么假释的决定应在犯罪人已服原判刑罚的2/3时立即作出。

司法部长应当制定有关假释的程序规则，包括在拒绝终身监禁刑犯罪人的假释申请1年以后，重新考虑这种犯罪人的假释问题，以及重新收监执行这种犯罪人的程序规则。

实施监督及有关假释的特殊条件

关于实施监督的一般规定

第八十一条　依据《刑法》第三十九条第二款、第四十条之一第二款至第四款，或第四十一条第三款的规定制定的监督和其他条件（特殊条件），除非有其他规定，由监狱和缓刑执行机构执行。依据《刑法》第四十条之一第三款或第四款规定的社区服务，由监狱和缓刑执行机构执行。除此之外，至于执行有条件的社区服务，本法第一百零一条第三款、第一百零二条和第一百零三条第一款的规定同样适用。

第八十二条　监督机关应当告知假释犯人与监督和其他特殊条件相关的权利与义务，包括违反规定的条件的后果。

监督机关应与假释犯人保持联系，并在假释开始前设计一个监督期及监督完成的计划。这个计划应经常与监督期中出现的具体情况对照，如有必要或可能，应依这些变化进行调整。

为尽可能帮助犯罪人过上守法的生活，司法部长可以依据上述第二款的规定制定相关规则，帮助那些在职业、社会关系、个人情况等方面需要帮助的犯罪人，减轻给他们造成的负面影响。

监狱和缓刑执行机构的监督

第八十三条　依据监禁与缓刑执行机构的指令，假释犯人应保持与监狱和缓刑执行机构的联系，包括到监狱和缓刑执行机构报到，并接受这些机关的探访。假释犯人应当向监狱和缓刑执行机构提供居住和工作的信息。

假释犯人应当遵守为假释规定的特殊条件，并向监狱和缓刑执行机构提供遵守这些特殊条件的信息。

根据要求，假释犯人应证实其所提供信息的真实性。

假释犯人应当遵守监狱和缓刑执行机构为执行监督和其他特殊条件而制定的指导。

第八十四条 为尽可能帮助犯罪人过上守法的生活，监狱与缓刑执行机构应当对假释犯人，就他们的职业、社会和个人情况提供指导和帮助。监狱和缓刑执行机构应当与那些依照其他法律可以给予犯罪人帮助的人员、机构联系，以便取得他们的指导和帮助。

第八十五条 司法部长应当制定有关执行监督及其他特殊条件的实施细则，包括监督的开始、联系的频率以及与其他当局的协调等。

违反条件

第八十六条 如果假释犯罪人逃避监督和其他特殊条件的实施，监狱和缓刑执行机构应就重建监督和确保特殊条件得到遵守作出安排。

当假释犯人违反假释条件时，如果这种违反具有造成累犯的风险，监狱与缓刑执行机构应当将这些情况向监狱和缓刑局提交报告。如果缓刑犯违反依据《刑法》第四十条之一第一款制定的社区服务条件，不管是否有造成累犯的风险，监狱和缓刑执行机构都应就这一情况向监狱和缓刑局提交报告。

如果假释犯人有违反其他规定和条件的行为，监狱和缓刑执行机构可以发出遵守那些规定和条件的命令。就相似的违反行为以前已发出过命令，再次违反时就应向监狱和缓刑局提交报告。

收到上述第二款、第三款规定的执行报告后，参照《刑法》第四十条第二款和第三款、第四十二条第二款之规定，监狱和缓刑局应尽快就这些违反行为作出相关决定。

司法部长应当制定假释犯人违反规定的条件后的处理程序规则，包括依据上述第二款和第三款提交报告的规则，以及依据上述第三款发出命令的规则。

监狱与缓刑执行机构以外的机构的监督

第八十七条 经与相关部长协商，司法部长可以制定监狱和缓刑执行机构以外的机构进行监督的规定。

第八十八条 本法第八十一条至第八十七条之规定同样适用于，依《刑法》第四十三条之规定对缓刑犯人规定的监督和其他特殊条件，也适用于依据本法之规定作出的中止执行或其他处理措施而规定的监督和特殊条件。

第十五章 与执行监禁刑的程序相关的特殊事项

第八十九条 不管犯罪人是否提出这类要求，矫治机构都应当经常考虑批准请假、假释、转移到另一个矫治机构继续执行，以及其他与犯罪人有关的重要事项。

司法部长应当制定矫治机构处理上述第一款规定的义务的规定。

第三部分 罚 金

第十六章 罚金的执行

第九十条 罚金应交给警察局，除非判决有其他要求。

根据犯罪人的要求，警察局可以同意暂缓支付罚金，或者允许分期支付罚金。

司法部长应当制定有关罚金的征收、暂缓支付和分期支付的管理程序规定。

警察局有关暂缓支付罚金、分期支付罚金的决定不得向上级行政当局提出申诉。

第九十一条 如果罚金没有支付，应由债务征收机关征收，除非债务征收机关发现无法征收，或征收会显著降低犯罪人的生活标准。

债务征收机关可以依据《资源税法》征收个人税收和《扣除工资联合登记法》扣除工资的规则，征收公诉案件的罚金。扣除令由债务征收机关发出。

债务征收机关可以同意暂缓支付或分期支付罚金。

经与司法部长协商，税务部长可以制定有关征收罚金的规定，包括暂缓支付或分期支付，以及减免罚金的管理程序。

司法部长可以规定，债务征收机关就暂缓支付、分期支付罚金的决定不得向上级行政当局提出申诉。

第九十二条 经与司法部长协商，税务部长应当依据本法第九十一条第二款之规定，制定扣除收入的实施规定，包括有关向联合扣除工资的登记部门报告、债务人向债务征收机关提供执行扣除工资的信息、执行扣除收入的人的职责和义务，以及被要求执行的人在其可承受之范围内执行和扣缴罚金的权利的规定。

罚金可以适用于故意或过失违反依据上述第一款制定的规则的行为。依据《刑法》第五章的规定，有关刑事责任的条款也可以适用于法人。

第九十三条 当违反罚金缴纳义务而必须用自由刑替代罚金时，参照《刑法》第五十三条至第五十五条的规定，依据本法第二章有关执行刑事制裁的条款，以及本法第二部分有关执行监禁刑的条款执行。

第四部分　缓刑和附条件的社区服务

第十七章　缓刑的执行

关于缓刑执行监督的一般规定

第九十四条　依据《刑法》第五十七条之规定制定的监督和其他条件（特殊条件），由监狱和缓刑执行机构执行，除非判决中有其他要求。

第九十五条　监督当局应当告知被处以缓刑的犯罪人与监督和其他特殊条件相关的权利和义务，包括违反监督和这些特殊条件的法律后果。

监督机关应当与缓刑犯人取得联系，并在开始进行监督前的最后期限设计一个监督期限及监督完成的计划。这一计划应经常与犯罪人在监督期间的实际情况进行对照，在必要且可能的情况下，根据变更后的实际情况调整计划。

为尽可能帮助犯罪人过上守法的生活，司法部长可以依据上述第二款的规定制定相关规则，以便减轻刑罚执行给犯罪人造成的负面影响，给犯罪人在职业、社会关系、个人情况等方面给予帮助。

由监狱和缓刑执行机构进行的监督

第九十六条　依据监狱和缓刑执行机构的要求，受到缓刑判决的犯罪人应与监狱和缓刑执行机构保持联系，包括到监狱和缓刑执行机构报到，以及接受监狱和缓刑执行机构的探视。服刑犯人应向监狱和缓刑执行机构提供居住和工作的信息。

服刑犯人应遵守其他规定的特殊条件，并应向监狱和缓刑执行机构提供遵守特殊条件的情况。

依据要求，服刑犯人应证实自己提供的信息的真实性。

服刑犯人应遵守监狱和缓刑执行机构制定的有关执行监督和特殊条件的其他指导性规定。

第九十七条 为尽可能地帮助犯罪人过上守法的生活，监狱和缓刑执行机构应对被处以缓刑的犯罪人提供有关个人职业、社会和个人状况方面的指导和帮助。监狱和缓刑执行机构应当与那些依照其他法律可以对犯罪人给予帮助的人员、机构联系，以便取得他们的指导和帮助。

第九十八条 司法部长应当制定有关执行监督和特殊条件的实施规则，包括监督的开始，犯罪人与监狱和缓刑执行机构联系的频率，以及与其他机构协调的实施规则。

违反缓刑条件

第九十九条 被处以缓刑的服刑犯人如果逃避监督或逃避特殊条件的执行，为重新建立监督，确保规定的特殊条件得到遵守，监狱和缓刑执行机构应当进行重新安排。

服刑犯人违反为缓刑犯规定的条件，如果认为违反行为有导致再犯的风险，监狱和缓刑执行机构应当就这一情况向公诉机关提交一份报告。

如果服刑犯人违反其他规定或条件，监狱和缓刑执行机构可以发出遵守这些规定或条件的命令。如果以前就相似的违反已经发出过命令，那么就应向起诉机关提交一份报告。

司法部长应当制定有关违反缓刑条件的处理程序，包括上述第一款规定的措施的程序，依据上述第二款、第三款提交报告的程序，以及依据上述第三款的规定发出命令的程序规则。

监狱和缓刑执行机构以外的机构的监督

第一百条 经与相关部长协商，司法部长可以制定监狱和缓刑执行机构以外的机构进行监督的规定。

第十八章　附条件的社区服务的执行

有关执行附条件的社区服务的规定

第一百零一条　依据《刑法》第六十三条规定的附条件的社区服务，由监狱和缓刑执行机构执行。

附条件的社区服务就是要求服刑犯人在确定的最长期限内完成规定的工作。在确定的整个最长期限内，社区服务应持续地执行，至少必须执行完确定的期限的2/3，除非有特殊情况出现。

执行社区服务的工作场所由监督机构确定。服刑犯人应当遵守监狱和缓刑执行机构发布的有关执行社会服务的规定。

第一百零二条　司法部长应当制定有关附条件的社区服务的执行规则，包括在执行社区服务过程中发生意外事故的补偿规定。

违反社区服务的条件

第一百零三条　监狱和缓刑执行机构应当监督服刑犯人完成规定的工作职责。

如果服刑犯人违反社区服务的条件，或者违反监狱和缓刑执行机构发布的有关执行社区服务的规则，监狱和缓刑执行机构应当向犯罪人发出一个命令，要求其遵守这些条件和规定。如果以前已发出过相似的命令，监狱和缓刑执行机构应向起诉机关提交一份报告。

司法部长应当制定因违反社区服务条件后处理的程序规则。

执行其他条件的规定

第一百零四条　本法第九十四条至第一百条的规定，同样适用于依据《刑法》第五十七条制定的条件的执行。

第五部分 安全监护

第十九章 安全监护的执行

第一百零五条 安全监护依照本法第二章有关执行刑事处罚的规定，以及本法第二部分有关执行监禁刑的规定执行，在例外的情况下，安全监护可以在精神病治疗机构执行，即在安斯敦·威德·哈斯托德威斯特医院执行。

司法部长应当制定有关执行安全监护，包括允许请假、转移到另一个机构执行和假释的程序规则。

第六部分　执行刑罚的共同规则

第二十章　执行刑罚期间有关强制措施的补偿

第一百零六条　如果出现下列情况之一，犯罪人有权依据《司法行政法》第一千零一十八条之一的规定得到补偿：

（一）超期执行监禁刑；

（二）被不正当地关押到审讯室、惩罚室、安全囚室；

（三）被不正当地禁止社会交往。

如果非因犯罪人自己的过错，犯罪人在受到严格监督和控制之下的家庭感化中心中被超期执行刑罚，犯罪人有权依据《司法行政法》第一千零一十八条之一的规定得到补偿。

第一百零七条　在执行刑罚过程中，犯罪人受到本法第一百零六条提及的情形以外的不公正对待，可以依《司法行政法》第一千零一十八条之一的规定得到补偿。

第一百零八条　依据本法第一百零六条和第一百零七条要求补偿的请求，应当在相关措施结束后 2 个月内向监狱和缓刑执行机构提出。但是，如果超过这一期限提出请求有可宽恕的理由，也应考虑申请。

第一百零九条　司法部长应当制定有关刑罚执行期间由于强制措施引起的补偿请求的程序规则。

第二十一章　在监狱和缓刑执行机构中服刑的报酬

第一百一十条　在监狱或拘留所内外从事有收入的工作的犯罪

人，应当就其服刑获得报酬。

同样的规则适用于在监狱或缓刑执行机构的寄留所从事有收入的工作或收到社会福利的犯罪人。

司法部长应当制定有关报酬的规定。

第二十二章 申诉规则

申诉的管理程序

第一百一十一条 监狱和缓刑执行机构的地方当局、警察局、债务征收机关依据本法作出的决定可以向司法部长提出申诉；但本法第九十条第四款和第九十一条第五款规定的情形除外。

犯罪人向司法部长提出申诉，应当在收到相关决定的通知后2个月内提出。在特殊情况下司法部长可以对超过此期限的申诉予以考虑。

向司法部长提出申诉不具有延迟相关决定执行的效力，除非作出决定的人或司法部长要求停止执行。

司法部长应当制定有关援助申诉和申诉程序的规定。

法院复审

第一百一十二条 自犯罪人收到最终相关处置决定4个星期内，如果相关处置决定属于下列情形之一，犯罪人可以向法院提出复审该决定的请求：

（一）依据本法第十四条和第十六条关于计算刑罚期限的规定作出的决定，但由于依据《司法行政法》第九百九十八条之规定对判决的解释发生的争议而提出的申诉除外；

（二）基于保护犯罪受害人，依据本法第五十五条第四款有关扣押信件的规定作出的决定；

（三）依据与本法第六十七条有关的第七十条第一款作出的为期超过7天的关押于惩罚室的纪律处罚决定；

（四）依据本法第七十三条关于没收财物的规定作出的决定，

当财物的价值超过支付给犯罪人 1 周的职业劳动的正常报酬时；

（五）依据本法第七十四条关于损害赔偿责任的规定而扣减其报酬而作出的决定，当扣减数额超过上述第（四）项提及的 1 周的报酬；

（六）当终身监禁刑已执行满 14 年时，依据本法第八十条关于拒绝根据《刑法》第三十八条第一款，或《刑法》第四十一条进行假释的规定作出的决定；

（七）依据本法第八十六条第四款关于将假释犯重新收监执行之规定，作出的要求依照《刑法》第四十条第二项、第三项之规定收监执行剩余刑期的决定，或要求依照《刑法》第四十二条第二项之规定收监执行终身监禁的决定；

（八）根据与本法第八十六条第四项有关的第八十八条关于附条件暂缓执行监禁刑的规定，作出的要求依照《刑法》第四十三条执行刑罚或执行剩余刑期的决定；

（九）拒绝依据本法第一百零六条之规定对无正当理由超期执行监禁刑给予补偿的决定，或者对与前述第三项相关的无正当理由超期关押于惩罚性囚室给予补偿的决定。

第一百一十三条　复审申请应向对最初作出处置决定的执行机构所在地有管辖权的一审法院提出。如果处罚决定作出后犯罪人被转移到另一执行机构，复审申请可以向对犯罪人被关押机构所在地有管辖权的一审法院提出。如果犯罪人没有被监禁，复审申请可以向对犯罪人住所地或居住地有管辖权的一审法院提出。

由于证人居住地、犯罪人的释放，或其他有利于案件处理的特殊理由，根据复审案件任何一方的请求，法院可以同意将案件转送到依据上述第一款之规定对案件有管辖权的其他法院。

关于案件是否应移送的问题，应以法院令的形式作出。法院关于是否移送的法院令不得向上级法院上诉。

第一百一十四条　申请复审的案件，司法部长不得无故延迟提供有关申诉决定和其他情况的文件，以及对案件重要的证据。

司法部长应当制定向法院提出复审的程序规则。

第一百一十五条　案件当事人包括犯罪人、司法部长以及依据本法第七十三条和第一百二十三条之规定财物被没收的第三方。

如果法院认为必要，可以为犯罪人指定一名律师，除非犯罪人已为自己聘请了一名律师。

第一百一十六条 案件应依据书面材料进行复审，除非法院作出其他决定。法院可以要求当事人提供进一步的信息。

如果法院以开庭的方式复审案件，法院应当对犯罪人、其他相关人员进行询问，并对他们提供的证据进行审查。法院应亲自传唤当事人和证人。

第一百一十七条 向法院请求复审的申请不具有对处置措施延迟执行的效力，除非司法部长或法院决定延迟执行。

第一百一十八条 如果复审申请应当被驳回、支持，或者处置措施应当被修改、认定为无效，法院应以法院令的形式作出裁决。

第一百一十九条 关于被指定律师的费用及偿还，同样应当适用法律援助不收费的规则。在特殊情况下，法院可以命令犯罪人支付部分或全部律师费用。

关于非由法院指定的律师的费用，同样适用《司法行政法》第三十章规定的规则。

第一百二十条 本法第一百一十五条第一款规定的任何当事人都可以将第一审法院作出的法院令上诉到高等法院。

向高等法院上诉可以通过向第一审法院发出通知的形式作出。通知可以采用口头方式，并记录在诉讼记录中。由法院将上诉通知和案件文件移交给高等法院。

在上诉期间，案件的复审同样适用一审法院复审案件的规则。《司法行政法》第三十七章关于上诉的规则同样适用。但《司法行政法》第三百九十八条第二款第三句的规定仅在犯罪人没有被羁押时才适用。

第一百二十一条 对高等法院作出的法院令不得上诉。但如果案件具有特别重要的意义，特别委员会可以同意上诉。在评价是否可以允许向最高法院上诉的过程中，《司法行政法》第三百九十二条第二款第二项第三句、第四句之规定同样适用。

在向最高法院上诉期间，本法第一百二十条之规定同样适用。

第一百二十二条 如果依据本法第一百一十二条第二款或第六款第一部分作出的决定被法院裁决维持，自法院令作出后经过6个月，可以就这一问题再次向法院申请复审。如果依据本法第一百一十二条第六款第二部分作出的决定被法院裁决维持，自法院令作出后经过1年，可以再次就这一问题申请法院复审。依据本法第一百一十二条第一款、第三款至第五款和第七款至第九款作出的决定，不得再次向法院申请复审。

如果依据《刑法》第四十条作出收监执行剩余刑期的决定已经开始执行，当重新收监执行的决定作出后经过6个月，对后来拒绝假释的决定可以首先向法院提出复审。如果依据《刑法》第四十条作出收监执行终身监禁刑的决定已经开始执行，自法院重新监禁的决定作出后经过1年后，对后来拒绝假释的决定可以首先向法院提出申请复审。

第一百二十三条 犯罪人以外的人的财物被执行机构依据本法第七十三条之规定没收，且财物的价值超过犯罪人1周的正常工作报酬，财物所有人对没收财物的决定提出申诉，同样适用本法第一百一十二条至第一百二十一条之规定。

第二十三章 法律效力

第一百二十四条 本法自二〇〇一年七月一日生效。

本法第一百一十二条至第一百二十三条之规定适用于本法生效以后作出的最终管理决定。

第一百二十五条 修改本法的建议应当于二〇一一年至二〇一二年的议会年度向议会提出。

第一百二十六条 本法不适用于法罗群岛和格林兰岛，但依据法罗群岛的特殊情况修改后，可以通过皇家令的形式部分适用于法罗群岛。

司法行政法（节选）

根据 2005 年 9 月 27 日第 910 号议案，

于 2005 年 12 月 21 日由 1398 号法案和 1399 号法案修改。

（节选部分）

1683 年《丹麦法》中分散着一些有关民事诉讼和刑事诉讼程序的规定。当时，刑事诉讼仍然必须由受害方自己提起。在 19 世纪，一些有关审讯程序的法令被引入法律之中。1849 年，丹麦的专制制度被推翻后，1849 年《宪法》承诺制定一部公共的、言辞审理的刑事诉讼程序法，并由陪审团审理刑事案件。19 世纪下半叶，丹麦为制定一部司法行政法作出了极大的努力，但直到 1916 年这部法律才通过，并于 1919 年生效。尽管这部法律的许多方面已被修改，但现在仍然有效。

这部《司法行政法》既包含民事诉讼又包含刑事诉讼程序规则，由五篇构成：第一篇是法院；第二篇是民事和刑事诉讼共同规则；第三篇是民事诉讼；第四篇是刑事诉讼；第五篇是结束性和过渡性规定。这部法律共分为 95 章，由 1043 条组成。在整部法律中，章和条都连续编排序号。

下文翻译了不懂丹麦语的法律专家有兴趣了解的一些条款。

第四篇 刑事诉讼

第二部分 公诉前的准备

第六十七章 侦查的一般规则

第七百四十二条 刑事案件由警察提出报告。

根据他人报案或基于自己的职责合理推测，一个应由国家提起公诉的犯罪行为已被实施，警察就可以启动侦查。

第七百四十三条 侦查的目的是，查清是否存在需要处以刑罚或处以其他法律后果的行为存在，收集处理案件的信息，为案件的审判作准备。

第七百四十四条 警察应尽可能准备一份进行讯问和采取其他措施的调查报告，除非这些内容以另一种形式存在。

第七百四十五条 （废止）。

第七百四十五条之一至第七百四十五条之二 （废止）。

第七百四十五条之三 辩护律师可以参加对被告的讯问，并有权补充提出问题。根据被告方的要求，警察应将讯问的时间通知辩护律师。如果被告已被羁押，或根据本法第七百七十条之一已采取隔离措施，在辩护律师没有参加的情况下不得对被告进行讯问，除非被告和辩护律师同意。

第七百四十五条之四 如果讯问、对质、出示照片以及其他类似重要的侦查措施的结论可能在审判过程中作为证据使用，警察应事先通知辩护律师，以便辩护律师有机会参加。应允许辩护律师对这些调查措施提出建议。辩护律师对这些侦查措施作出的评论应记入警察的报告中。如果辩护律师不能参加，或者如果无法通知辩护律师参加，仅在侦查措施无法推迟的情况下才能进行。如果辩护律师没有参加上述某项侦查活动，应及时将已经进行的侦查活动通知律师。

上述第一款的规则可以根据本法第七百二十九条之三的规定变更。

第七百四十五条之五 如果警察讯问一个儿童，当讯问笔录可能在将来的审判过程中作为证据使用时，讯问时应进行录像，且辩护律师应参加录像。

如果犯罪嫌疑人或被告人没有观看该儿童的讯问录像，应尽可能地允许犯罪嫌疑人或被告人及辩护人在警察局观看讯问录像。如果犯罪嫌疑人或被告人，以及他们的辩护律师要求重新讯问，对儿童的讯问事后应尽可能重新进行。

第七百四十六条 对警察侦查措施的合法性、被告和辩护律师的权利，包括被告和辩护律师要求进行进一步侦查的要求发生的争议，由法院裁决。根据要求，法院应以法院令的形式就争议事项作出裁决。

如果对警察依据本法第七百二十九条之一第三款第一句，或第七百二十九条之二第二款第一句作出的决定的合法性发生争议，警察应陈述作出该决定的理由。法院可以要求警察进一步提交与争议问题相关的材料。

如果法官知道警察依据本法采取了一项侦查措施，且这项措施需要法院批准，而警察局在规定的期限届满前还没有向法院提交，经听取警察的陈述后，法官可以直接作出支持或撤销这项措施的决定。

第七百四十七条 当某项侦查措施需要法院的帮助时，经要求，应召开法院听证会。如果担心证据丢失，或因证据不便在法院直接出示或延迟后不能在法院直接出示而需要进行证据保全，以及侦查需要或出于公共利益考虑，经要求可以再次召开法院听证会。如果对被羁押者采取了隔离措施，或取消隔离措施对保全证据有必要，根据要求，可以再次召开保全证据的法院听证会。

第七百四十八条 应尽可能地通知被告参加所有法院听证会，

被告有权参加所有法院听证会。这一规定不适用于为是否发布依据本法第六十九章至第七十四章规定的、需要事先取得法院的法院令才能执行的侦查措施的法院令而召开的听证会。如果被告已被羁押，且由于存在实际困难，他自己可以不参加听证会。

所有听证会都应尽可能地通知辩护律师参加，辩护律师有权参加所有听证会。如果无法通知到辩护律师，且法院听证会不能延迟召开，法院听证会才可以在辩护律师没参加的情况下召开。但是，关于上述第一款第二句提及的法院听证会，如果出于对外国、国家安全、解决案件、第三方特殊要求的考虑，这一规则可以除外。法院依警察的要求作出裁决。辩护律师仅在法院同意的情况下，才能传送这些信息。

辩护律师有权发表意见，并有权要求将其意见简要地记录在听证会笔录中，但在听证会期间律师何时可以发表意见由法官决定。

法院可以命令被告出席法院听证会。如果在以前的听证会期间没有发出过要求被告参加的法院令，可以以书面传票的形式通知。传票至少应提前一个夜晚送达。但是，法院可以发出不同的通知，或者要求被告立即出席。传票应载明指控的罪行。如果传票被合法地送达，且注明了没有出席将产生的法律后果，那么被告没有出席就能产生相应的法律后果。

出于对外国、国家安全、解决案件、第三方的特殊要求的考虑，法院可以决定不通知被告召开听证会的事项，或者决定不许被告参加部分或整个听证会。

如果被告被禁止参加听证会，由被告或警察提出，法院应尽可能让被告知道什么内容已记入了案卷。如果有特殊情况需要排除被告参加听证会，法院可以命令辩护律师不得将在听证会上知悉的情况泄露给被排除参加听证会的被告。法院这一命令的效力可以延伸到被告在审判时作出陈述以前。

上述第一款至第六款之规定不适用于依据本法第七百二十九条之三召开的听证会，也不适用于依据本法第七百二十九条之三豁免辩护律师披露相关信息，以及不适用于依据本法第七百八十四条为因强制措施而为强制措施相对人指定的辩护律师。

第七百四十九条 如果发现没有必要启动侦查，警察可以撤销已归档的报告。

起诉以前，如果没有理由需要继续进行侦查，警察可以作出中止侦查的决定。如果已经开始起诉，适用本法第七百二十一条至第七百二十二条的规定。

如果一个报告已被撤销，或者侦查被中止，应通知与此相关的利害关系人。依据本法第十章的规定，可以将这一决定上诉到区域公诉人。

第六十八章　讯问和特殊侦查措施

第七百五十条 警察可以进行讯问，但不得命令任何人作出陈述，也不得强迫他人作出陈述。但在警察要求的情况下，任何人有向警察陈述自己的名字、住址和出生日期的义务。未依据要求陈述的，可以处以罚款。

第七百五十一条 陈述的实质部分应记入报告，陈述的特别重要部分应尽可能以被讯问者的原话记录。

应让被讯问者有机会知悉陈述记录。对被讯问者要求作出的任何更正及要求增加的内容，应记录在陈述记录中。应告知被讯问者，他没有在报告上签字的义务。

仅在告知被讯问者要进行语音记录时，才能对陈述进行语音记录。

第七百五十二条 在警察讯问被告以前，应明确告知他受到了控告，并应告诉他没有义务作出陈述。必须在警察的报告中显示，这一规则已得到遵守。

司法部长应制定有关哪些案件应通知市政委员会，以及当被告是未满十八周岁的未成年人时，市政委员会可以参加讯问的规定。对未满十五周岁的犯罪嫌疑人进行讯问，适用本法第八百二十一条之四的规定。

对被告提问一定不能以这种方式提出，即假设某个被否定或没有得到承认的事项已被承认。讯问时不得使用许诺、伪造和威胁。

不得单纯为获取被讯问人的供认而延长讯问时间。对于时间较短的讯问，讯问开始的时间和结束时间应记录在讯问报告中。

对于需要立即回答的问题，被告不得与辩护律师和其他人商讨。

第七百五十三条 警察询问没有受到控告的人，同样适用本法第一百七十三条第一款、第一百八十二条、第一百八十四条第一款和第二款的规定。

第七百五十四条 关于法院提问，同样适用本法第七百五十一条和第七百五十二条的规定。

关于向被告提问的程序，同样适用依照第一百八十三条第一款、第二款关于为向证人提问而制定的规则。

第七百五十四条之一 作为侦查犯罪的一部分，警察不得以引诱某人实施犯罪或继续实施犯罪为目的，提示给犯罪嫌疑人提供帮助或采取某些措施，除非符合下列情况之一：

（一）有实质根据怀疑某个犯罪将被实施或试图实施；

（二）这种侦查措施被认为是侦查中的至关重要部分；

（三）依照法律，这种侦查方法针对的犯罪可能被处以6年以上监禁。

如果警察没有影响犯罪的重要情形，以引诱某人实施或继续实施犯罪而采取的侦查措施不受上述第一款之规定的限制。

第七百五十四条之二 本法第七百五十四条之二提出的侦查措施不得扩大犯罪危害的范围或增加犯罪的严重性。

这些侦查措施只能由警察实施。

第七百五十四条之三 本法第七百五十四条之一规定的措施遵照法院令实施。当将要提起诉讼或可能期望提起诉讼时，或者当警察决定实施这种措施时，应将相关事项提交给法院。

法院令应说明这类措施的实施条件已经满足。法院令随时可以更改。

如果等待取得法院令后再实施，将会丧失引诱侦查的机会，警察可以决定实施引诱侦查。在这种情况下，警察应尽可能在这种侦查措施启动后24小时内将案情提交给法院。法院应以法院令的形式作出是否批准这种侦查措施，是否应继续实施这种措施的决定。如果法院认为这种措施本不该执行，法院应通知司法部长。

第七百五十四条之四 如果本法第七百五十四条之一提及的引诱侦查被实施，且针对该罪的诉讼已经提起，应将这种侦查措施通知辩护律师。如果出于外国、国家安全、案件的解决、第三方的特别要求考虑，警察可以要求辩护律师不得将因前述第一句提及的职责知悉的信息泄露给他人。

第七百五十四条之五 上述第七百五十四条之一至第七百五十四条之四提及的规定，不适用于侦查违反《刑法》第十二章第一百一十一条至第一百一十五条以及第一百一十八条规定的行为。

第六十九章 拘 留

第七百五十五条 如果有合理根据怀疑一个人实施了由国家提起公诉的犯罪，警察可以拘留他，只要认为拘留是阻止其进一步实施犯罪行为、确保他暂时不得离开、阻止他与其他人联系而有必要。

任何人遇到他人正在实施由国家提起公诉的犯罪，或与这种犯罪有直接联系，有权抓捕犯罪人。抓捕人应尽快将犯罪人移交给警察，并将抓捕的时间、根据告诉警察。

如果一群人聚集在一起，且实施了针对他人人身或财产的暴力行为，或威胁实施这种行为，或者多人之间的争吵已经导致杀人或严重的身体伤害，且无法准确区分实施犯罪的人与其他人，警察可以拘留怀疑参与犯罪的任何人。

如果剥夺自由的拘留措施与犯罪性质或其他情况不相称，就不得进行拘留。

根据警察的要求，法院可以作出拘留的决定。

第七百五十六条 有合理的根据怀疑一个人违反了依据《刑法》第七章或第八章规定的缓刑条件、违反了依据《刑法》第六十八条、第六十九条、第七十条或第二十二条发布的法院令或判决中规定的条件、违反假释条件或依据本法第七百六十五条采取的措施规定的条件，只要认为确保他暂时不离开而有必要，警察就可以拘留他。

第七百五十七条 当一个经法院合理传唤参加法院听证会的被告，没有合理的理由未参加时，如果在传票中或在法院会议期间已告知他必须亲自参加，否则将会被拘留时，法院可以决定拘留他。

第七百五十八条 在条件允许的情况下，拘留应尽可能宽容地执行。依照本法第七百九十二条之规定，为去除可以用于暴力、逃跑或可能对被拘留者及他人造成危险的物品，警察可以检查被拘留者的身体和衣服。警察可以扣留从被拘留者身上发现的物品和金钱。在拘留期间，对被拘留者人身自由的限制不得超出拘留目的和维持秩序所必要的限度。

警察应尽快将拘留的时间和控告的内容告知被拘留者。在警察报告中必须显示这一规则已得到遵守。

第七百五十九条 为寻找应被拘留的犯罪嫌疑人，当有理由相信犯罪嫌疑人在某个房屋或场所内时，警察可以进行搜查。

搜查时同样应适用本法第七百九十五条第一款第一句和第七百九十六条至第八百条的规定。

第七百六十条 当拘留的理由消失时，应尽快将被拘留者释放。释放的时间应记录在报告中。

被拘留人在24小时内未能获释，应将这一事实告诉法官。拘留时间及在法院的陈述应记录在诉讼记录中。

如果一个人因犯罪而被拘留，但没有作出羁押候审的决定，应在法院听证会以前释放被拘留者。

如果一个人因犯罪而被拘留，且已经作出羁押候审的决定，或者依据本法第七百五十六条，发现被拘留人不能立即释放，而由于没有获得充分的信息或由于其他原因，法院不能立即作出羁押候审的决定，法院应决定暂时继续拘留。在这一决定中应注明支持继续拘留的原因。在继续拘留期间，本法第七百六十五条之规定同样适用。被告应有机会陈述他想要得到哪些信息。

如果被拘留人没有被释放，且对维持继续拘留决定不服，可以再次向法官提出。法官应在第一次法院会议结束后三个24小时内决定，是释放被拘留人还是羁押候审，抑或是适用本法第七百六十五条规定的措施。

第七百六十一条 为执行刑罚或因犯罪人违反缴纳罚金的义务需要执行替代监禁刑而拘留犯罪人，适用本法第七百五十八条第一款和第七百五十九条的规定。

第七十章 羁押候审

第七百六十二条 当有实质理由怀疑行为人实施了应提起公诉的犯罪，依据法律这种犯罪将被处以一年零六个月以上的监禁，并符合下列条件，法院可以决定将其羁押候审：

（一）根据被告的情况，如果有具体理由推断他将逃避追诉或逃避刑罚执行；或

（二）根据被告的情况，如果有具体理由担心他很可能将实施另一犯罪；或

（三）根据被告的情况，如果有具体理由推断他将妨碍对案件的诉讼，特别是消除犯罪证据、警告他人或影响他人。

当有特别确信的理由怀疑被告将实施下列犯罪，也可以将其羁押候审：

（一）属于公诉的犯罪，且依照法律将被处以6年以上监禁，出于犯罪严重性的考虑，被告尽量不应获得自由；或

（二）违反《刑法》第一百一十九条、第一百二十三条、第一百三十四条之一、第二百四十四条至第二百四十六条、第二百五十条、第二百五十二条，出于对犯罪严重性的考虑，如果犯罪人将被处以至少60天无条件监禁，并且从法律实施的角度适当考虑，被告尽可能不应获得自由。

如果实施的犯罪可能被处以罚金或不超过30天的监禁，或者如果剥夺自由将与被告造成的损害、案件的意义以及如果被告被宣告有罪可能受到的处罚不相称，就不能适用羁押候审。

第七百六十三条 如果有实质理由怀疑一个人已经违反了依据《刑法》第七章、第八章为缓刑犯规定的条件、附条件暂缓释放的条件、假释的条件，如果法院发现这种性质的违反将导致处以收监执行监禁刑或移交设施内执行，并且符合下列情形，可以将其羁押候审：

（一）根据行为人的情况，有具体理由推断他将逃避违反这些条件导致的法律后果；或

（二）根据行为人的状况，有具体理由担心他很可能将继续违反上述条件，或者从违反的性质考虑，将其羁押候审是必要的。

如果有实质理由怀疑一个人已经违反了判决规定的条件，或违反了依据《刑法》第六十八条、第六十九条、第七十条作出的法院令规定的条件，也可将其羁押候审。

第七百六十四条 根据警察的要求，法院应决定是否将被告羁押候审。

一个在本国受审的被告，应就其所受控告的行为在法院审查，并且在最终判决作出前应给予其陈述的机会。除非法院发现，由于适当的具体理由，法院审理是不必要的，或对其有害。如果羁押候审的法院令是在没有给予被告在法院陈述的机会的情况下作出的，他应在被带到这个国家以后 24 小时内，或阻止他提出请求的障碍消失以后 24 小时内向法院提出。

在召开支持将犯罪人羁押候审的法院听证会期间，被告应得到辩护律师的帮助。如果被告参加法院听证会，在审问前应提供机会让其与律师商议。

法院应以法院令的形式作出裁决。如果被告被处以羁押候审，法院令应陈述作出羁押候审的条件已经符合的案由。如果被告参加法院听证会，应立即将适用了哪种羁押候审规则、法院令陈述的羁押理由以及他上诉的权利告诉他。根据要求，羁押候审的法院令副本应送达被告。

第七百六十五条 如果羁押候审的条件具备，但通过较轻的干预措施就可以达到羁押候审的目的，如果被告同意关押在拘留场所，法院可以作出羁押候审的裁决。

法院因而可以决定，被告应：

（一）服从法院决定的监督措施；

（二）遵守关于住所、工作、空余时间的使用、与某些人的联系的具体规定；

（三）居住到适当的中途之家或管教设施内；

（四）服从必须在医院或特殊管教机构内进行的精神病治疗，或对酒瘾、滥用麻醉品及其他相似物品的治疗；

（五）在规定的具体时间向警察报告；

（六）将护照或其他身份证件交警察保存；

（七）如果必要，根据法院决定为其参加法院听证会和接受判决执行提供经济性的抵押。

关于依据上述第一款、第二款作出裁决，本法第七百六十四条的规定同样适用。

如果被告没有向法院要求参加法院听证会，或者逃避判决的执行，法院可以通过法院令决定没收根据上述第二款第七项提供的经济性抵押物。没收的抵押物收归国库。但是，经被害人要求，经济性抵押物可以用于支付对被害人的补偿。在特殊情况下，且在没收抵押物的法院令作出6个月以内，法院可以将收归国库的抵押物部分或全部返还给被告人。

经与社会事务部长、卫生部长慎重协商，司法部长可以发布有关同意依据上述第二款第三项、第四项被关押在一个管教设施或医院的犯罪人请假的规则。就这一问题，司法部长可以决定，依据这些规则作出的裁决不得向上一级行政机关上诉。

第七百六十六条 法院可以在任何时候改变本法有关于羁押候审或其他关于强制措施的法院令。

第七百六十七条 除非被告不在丹麦，关于羁押候审的法院令或其他强制措施应规定期限。羁押期限应尽可能短，且不得超过4周。羁押期限可以延长，但一次不得超过4周。延长羁押期限应以法院令的形式发出，除非被接受延长的决定。直到作出一审判决前，本法第七百六十四条的规定同样适用于法院会议和有关延长羁押期限的法院令。但如果被处以羁押候审或其他拘留措施的被告放弃参加法院听证会，或者法院发现被告参加存在实际困难，被告并非一定要亲自参加法院听证会。

当依据上述第一款规定的期限在法院开始审理后届满时，直到法院作出判决前，羁押候审或其他强制措施将继续有效，不需要另外发布延长令。在法院审理以前规定的期限届满，依据本法第七百六十六条或第七百六十八条，被告人可以请求法院撤销羁押候审或其他强制措施。在规定的强制措施期限届满后，如果被告请求法院撤销羁押候审或其他强制措施，就这一问题法院应在 7 天内作出裁决。如果法院没有同意被告的请求，在法院作出决定 14 天后被告才能再次向法院提出请求。如果存在依据本法第七百六十二条第二款规定的羁押候审问题，参照本法第六十条第三款，没有参加该案审理的法官或部门可以作出撤销的决定，除非符合本法第六十条第三款第二句中的某个条件。根据法院的规定，如果是否撤销强制措施的决定由没有参与案件审理的法官或部门作出，对被告的请求可以采用书面审查的形式。

当法院令延长羁押候审或其他强制措施的期限超过 3 个月时，可以提出上诉。根据要求，这一上诉应以开庭的方式审理。当上诉已经以开庭的方式审理一次，上级法院可以决定是否同意对随后的请求进行开庭审理。上述第一款最后一句同样适用。

第七百六十八条 当公诉被撤回或适用羁押候审或其他强制措施的条件消失时，如果必要，法院应以法院令撤销羁押候审或其他强制措施。如果法院发现侦查进度较慢，且适用继续羁押候审或其他强制措施不适当，法院应撤销这些措施。

第七百六十九条 羁押候审或其他强制措施的效力至法院对案件作出一审判决为止。在法院作出一审判决以后，依据要求，法院可以决定在上诉期间或直到刑罚执行以前，是否应继续适用羁押候审、羁押或其他强制措施。关于这一问题的决定，本法第七百六十二条、第七百六十四条至第七百六十六条、第七百六十八条的规定同样适用，除非被告接受继续羁押，或同意适用其他强制措施。如果判决后被告提出上诉，而在案件作出一审判决以前，被告已被羁押候审或已被适用了其他强制措施，但法院没有找到继续适用这些强制措施的理由，根据检察官的要求，法院可以决定，直到上级法院就羁押候审或其他强制措施的适用问题作出决定以前，羁押候审或其他强制措施一直有效。

如果已经作出一审判决的案件被上诉到上级法院，并且一审法院依据上述第一款有关一审判决后羁押候审或其他强制措施的规定已经作出裁决，继续适用强制措施的问题应尽快向二审法院提出。关于二审法院对羁押候审或其他强制措施复审的问题，本法第七百六十二条，第七百六十四条第一款、第三款和第四款，第七百六十五条，第七百六十六条，第七百六十七条第一款第一句至第四句，第七百六十八条的规定同样适用。

第七百七十条 对羁押人只能适用确保羁押候审目的实现、保持拘留中心的秩序和安全所必要的限制措施。

在可能的情况下，羁押人应被关押到刑事案件受理所在地的地方拘留中心（所）。由于健康原因或本法第七百七十七条规定的原因，羁押人可以被关押在拘留中心以外的场所。

第七百七十条之一 只要符合下列条件，根据警察的要求，法院可以决定，禁止被羁押人与共同关押人进行社会交往（隔离）：

（一）依据本法第七百六十二条第一款第三项作出的羁押候审决定，且

（二）有具体理由推断，羁押候审本身不足以防止被羁押人妨碍案件的诉讼，包括通过共同关押人影响共同被告，或以威胁或其他相似方式影响他人。

第七百七十条之二 仅在下列情况下才能适用或继续适用隔离：

（一）进行通信检查、探视监督、禁止控制，或者使用其他较轻的干预措施，包括将被羁押人关押到与某些共同关押人不同的拘留所，以及其他阻止被羁押人与那些共同关押人进行社会交往，无法达到适用强制措施的目的；

（二）通常的强制措施，包括由于被羁押者年轻、身体或心理脆弱或其他人身方面的特殊情况，强制措施可能带来的特殊限制与案件的重要性不相称，或者如果被羁押人被证明有罪，通常的强制

措施与可预料的处罚不相称；并且

（三）由于侦查工作特别紧急，需要采取隔离来羁押候审，包括依据本法第七百四十七条确保证据安全。

第七百七十条之三 依照法律，如果被指控的犯罪可能被处4年以下监禁，隔离持续期限不得超过4周。

依照法律，如果被指控的犯罪可能被处4年以上、6年以下监禁，隔离持续期限不得超过8周。

依照法律，如果被指控的犯罪可能被处6年以上监禁，隔离持续期限不得超过3个月。但是，在例外的情况下，出于对诉讼的特别考虑，如果必须进行继续隔离，不管以前已经隔离多长时间，法院可以在3个月以后继续延长隔离期限。

如果被羁押人是未满十八周岁的未成年人，无论何种情况，隔离持续期限都不得超过8周。

第七百七十条之四 隔离的决定以法院令的形式发布。如果法院决定采取隔离措施，法院令应说明本法第七百七十条之一至第七百七十条之三规定的条件已经符合的具体案情。

对于法院作出隔离的决定，本法第七百六十四条第二款至第四款、第七百六十六条、第七百六十七条第一款、第七百六十八条至第七百六十九条的规定同样适用。但隔离措施的第一次时间期限不得超过2周。如果被羁押者是十八周岁以下的未成年人，一次隔离的期限最多不能超过2周。

第七百七十条之五 如果隔离超过8周，根据要求，有关隔离的上诉应以开庭的方式审理。如果隔离的决定被维持，且距最近一次开庭审理延长隔离决定的上诉超过8周，根据要求，随后有关隔离决定的上诉同样应以开庭的方式审理。在其他情况下，是否开庭审理由上诉法院决定。本法第七百六十七条第一款最后一句的规定同样适用。

第七百七十一条 在拘留中心秩序和安全允许的情况下，被羁押者可以接受探视。基于羁押候审的目的，警察可以拒绝被羁押者接受探视，或者要在监督下进行探视。如果警察拒绝探视，应告知受羁押者拒绝探视的理由，除非法官出于侦查的考虑作出了不同的决定。对警察拒绝探视或要求在监督下探视的决定，被羁押者可以要求法院对这一决定进行复查。被羁押者始终有权在不受监督的情况下接受辩护律师探视。

在特殊情况下，经警察同意，拘留机构的管理部门可以同意在押送下进行短暂的请假。

第七百七十二条 被羁押者有权收发信件。在信件收发前，警察可以检查信件。警察应尽快将信件发出或交给羁押者，除非信件的内容对侦查、维持拘留中心的秩序与安全有害。如果信件被扣留，是否应扣留信件的问题，应立即提交给法院决定。如果法院同意扣留，应立即通知发信人，除非法院基于侦查的考虑作出了不同的决定。

被羁押人有权在不受监督的情况下与法官、辩护律师、司法部长、监狱部门的指导员、国会议员通信。司法部长可以制定有关被羁押人有权向其他公共机构和个人寄出密封信件的规定。

第七百七十三条 基于羁押候审目的的考虑，警察可以对被羁押者的权利进行其他限制。被羁押者可以要求对其权利的其他限制提交法院复查。

第七百七十四条 无论拘留机构的雇员还是其他人员，都不能侦查被羁押者。

第七百七十五条 可以对被羁押者给予2周以下关押于惩罚室或没收工作报酬的纪律处罚。这两种纪律处罚可以同时适用。《矫治法》第六十五条和第六十六条有关手铐、安全囚室的规定同样适用于被羁押者。

第七百七十六条 司法部长也可以制定有关被羁押者治疗的规定。对于依据法院令被隔离的被羁押者，司法部长应发布强化拘留机构的工作人员与其联系、增加探视权、一对一的特殊教育或某种工作，以及定期与牧师、医生、心理医生或其他人交谈，并延长交谈的时间等特殊的规定。司法部长也可以发布有关由于羁押给被羁押者在职业、社会关系、人身造成的负面影响给予帮助的规定。

第七百七十七条 被羁押者可以被关押到用于执行监禁刑或预

防性拘留刑的管教机构、《刑法》第六十八条、第六十九条规定的医院，只要被羁押者、检察官和这些机构的管理部门同意。如果被羁押者的身体状况或基于对其他人员的安全考虑，法院可以不经被羁押者的同意，例外地直接批准将被羁押人关押到执行监禁刑或预防性拘留刑的管教机构。在管教机构中被羁押者的自愿转移，依照适用于因判决被关押到这种机构中的犯罪人自愿转移的规定处理；而被羁押人的强制转移，基于管教机构的安全和秩序考虑，依照适用于被羁押者的规定处理。但未经法院批准被羁押者不得离开管教机构，本法第七百七十一条第二款提及的情形除外。

第七百七十八条 被羁押者对拘留中心工作人员的行为的申诉，应向该拘留中心（所）的负责人或监狱部门提出。如果被羁押者对拘留中心（所）或监狱部门的处理仍不服，或者这些机构在2周内没有对申诉作出处理决定，可以向拘留中心（所）所在地的法院提出。

法院对申诉的调查按照本法第一千零一十九条之二、第一千零一十九条之五第一款和第三款至第五款、第一千零一十九条之六第二款、第一千零一十九条之七的规定执行。法官通过对申诉者、与申诉相关的人、证人的提问，结合专家证言和其他证据作出裁决。

当法院的调查结束后，法院就申诉作出的处理报告应送给申诉者、与申诉相关的人员以及拘留中心（所）的负责人和监狱部门。

第七百七十九条 （废止）。

第七十一章 侵入通信秘密、监视和资料复制

第七百八十条 依照本章的规定，警察可以通过以下方式侵入他人的通信秘密：

（一）窃听电话交谈或其他相似的电子通信（电话窃听）；

（二）借助某种装置窃听其他形式的交谈、陈述（其他窃听）；

（三）即便在没有取得与所侦查的电话或其他相似的通信设备相关联的某个电话或其他通信装置的所有者同意的情况下，也可以获取这些电话或通信装置的信息（电子信息）；

（四）获取与所侦查的电话或其他相似通信装置相关的、特定范围的电话或其他通信装置的信息（获取扩大范围的电子信息）；

（五）扣押、开启、知悉信件、电报和其他邮寄物品的内容（信件开启）；

（六）阻止上述第五项提及的邮件的发送（阻止信件发送）。

警察可以记录或复制交谈、陈述、邮件等上述一款提及的、警察有权知悉的内容。

第七百八十一条 仅在符合下列条件时，才能侵入他人的通信秘密：

（一）有具体理由推断，信息或邮件是由犯罪嫌疑人发出的；

（二）侵入通信秘密对侦查至关重要；并且

（三）依照法律，侦查的犯罪可以被处以6年以上监禁，或侦查的犯罪是故意违反《刑法》第十二章、第十三章的规定，或违反《刑法》第一百二十四条第二款、第一百二十五条、第一百二十七条第一款、第一百九十三条第一款、第二百二十八条、第二百三十五条、第二百六十六条、第二百八十一条的规定，或违反《外侨法》第五十九条第五款之规定。

符合上述第一款第一项、第二项规定的条件，如果犯罪嫌疑人侵犯《刑法》第二百六十三条第二款、与第二百六十三条第二款相关的第三款规定的人身权利，也可以采取电话窃听或获取电子信息。

符合上述第一款第一项、第二项规定的条件，如果犯罪嫌疑人涉嫌再次侵犯《刑法》第二百六十三条规定的人身权利，可以采取电话窃听或获取电子信息。如果犯罪嫌疑人以电子通信的方式违反《刑法》第二百七十九条之一、第二百九十三条第一款，或者犯罪嫌疑人违反《贸易安全法》第三十五条第一款、第三十六条、第三十九条第一款的规定，只要符合上述第一款第一项、第二项规定的条件，可以采取电话窃听或获取电子信息。

如果有特别确信的理由怀疑，邮件包含应予没收的物品，或者邮件包含有盗窃所得财产，而财物所有人要求返还，可以开启邮件和阻止邮件发送。

本法第七百八十条第一款第二项规定的窃听、本法第七百八十条第一款第四项规定的获取扩大范围的电子信息，仅在犯罪嫌疑人的行为已经对生命、福利、重要社会价值造成损害，或有造成这种损害的危险的情况下才能实施。即使上述第一款第一项规定的条件没有满足，也可以获得扩大范围的电子信息。

第七百八十二条 如果从侦查措施的目的、案件的意义、犯罪的性质，以及侵入通信秘密可能对相关人员造成的不便考虑，适用侵入通信秘密的方式侦查不适当，就不应适用这种侦查方式。

依据本法第一百七十条之规定，对犯罪嫌疑人有关的、排除以证人身份作证的人，不能适用电话窃听、其他方式的窃听、信件开启、阻止信件发出等侦查措施。

第七百八十三条 侵入通信秘密依据法院令才能实施。允许侵入通信秘密的法院令应载明这种侦查措施针对的电话号码、位置、住址或邮件。不仅如此，法院令还应说明适用侵入通信秘密这种侦查措施的条件已经符合。法院令随时可以更改。

法院令应规定适用侵入通信秘密这种侦查措施的时间期限。时间期限应尽可能短，且不得超过 4 周。时间期限可以延长，但一次不得超过 4 周。延长侵入时间应以法院令的形式作出。

如果等到取得法院令，侵入通信秘密这种侦查措施的目的将会丧失，警察可以直接决定实施侵入通信秘密这种侦查措施。在这种情况下，警察应尽快，且在从实施这种措施开始 24 小时内向法院报送案情。法院应以法院令的形式决定是否批准这种侦查措施、是否应维持这种侦查措施；如果批准或维持这种侦查措施，应参照上述第一款第二句、第三句和第二款，规定侵入的时间。如果法院认为不应适用这种侦查措施，法院应通知司法部长。

根据 2000 年 5 月 29 日《欧盟成员国之间相互对刑事事务给予协助的公约》第二十条之规定，当警察收到协助通知时，警察应在收到通知后 48 小时内向法院报送案件情况。法院应以法院令的形式决定采用侵入通信秘密的侦查措施，如果这种侦查措施已经开始实施，法院应决定是否批准这种侦查措施以及这种措施是否应维持。这一章的规定对这种情况同样适用。

第七百八十四条 在法院依据第七百八十三条作出决定前，应为侵入通信秘密措施相关的人指定一名律师，指定的律师应有机会发表意见。如果侦查的犯罪涉嫌触犯了《刑法》第十二章、第十三章规定的犯罪，应从本法第二款规定的特殊律师团中指定律师。没有从特殊律师团中指定律师的法院决定，不得上诉到上级法院。

在每个高级法院区，司法部长应聘请一定数量的律师，这些律师可以被指定从事上述第一款第二句提及的工作。司法部长应进一步制定有关律师应随叫随到、律师被指定后的补偿和安全问题的规定，包括给予秘密帮助的规定。

第七百八十五条 关于案件的法院会议应通知依据本法第七百八十四条指定的律师，被指定的律师有权参加这些会议，也有权知悉警察获取的材料。律师也有权获取这些材料的复印件。如果警察认为这些材料有特别秘密的性质，不应将复印件交给律师。根据律师的要求，警察应将这一问题提交法院决定。律师不得将知悉的信息透露给他人，或者未经警察同意不得与侦查措施所指向的人联系。被指定的律师的职责不得由其他律师或律师助手代替。

本法第六十六章、第七百四十六条第一款关于指定辩护律师的规定、本法第九十一章和第九十二章关于费用和藐视法庭的处理的规定，同样适用于指定律师。法院可以规定，在案件随后的处理过程中，被指定的律师不得作为被告的辩护律师。

第七百八十六条 邮政服务部门和电信网和电信服务提供商有义务对警察实施侵入通信秘密提供帮助，包括助力建立电话交谈窃听，提供本法第七百八十条第一款第三项和第四项提及的信息，扣押和发出邮件等。

除本法第七百八十条第一款第三项规定的情况外，根据警察的要求，经电话或其他通信装置所有人的同意，法院可以命令上述第一款提及的公司披露与侦查的通信装置相关的其他通信装置的信息。

本法第一百七十八条的规定同样适用于没有有效的可宽恕理由，而未向警察提供上述第一款提及的协助，或者未遵守依据上述第二款发出的法院令。

为侦查和起诉刑事犯罪的目的，电信网或电信服务的提供者有义务对电子数据进行登记，并保存1年。经与社会、司法和改革部长慎重协商，司法部长可以进一步制定有关登记和保存信息的规定。

经与社会、司法和改革部长慎重协商，司法部长可以发布有关电信网和电信服务提供商对警察就侵入通信秘密有关的事项提供实际协助的规则。

违反上述第四款第一句的规定应处以罚款。

对违反依据上述第四款第二句和第五款的规定的行为，可以制定处以罚款的规定。

司法部长可以制定对上述第一款提及的公司，因协助警察实施侵入通信秘密的侦查措施而产生的费用给予补偿的规定。

第七百八十六条之一　如果电子证据对侦查来说很重要，警察可以命令电信网或电信服务提供商先保存电子数据，包括通信数据。

上述第一款规定的保存令只能包含命令发布时贮存的电子数据，警察的命令应说明保存什么数据以及保存数据的期限（保存期）。警察保存数据的命令只能限定在侦查必要范围内，保存期应尽可能短，并不能超过90天。这种保存令不能延长。

作为上述第一款提及的保存令的一部分，电信网或电信服务的提供者不得无故延迟发送其他电信网或电信服务提供者已经使用过的与电子通信相关的，并对侦查重要的通信数据。

违反上述第一款和第三款的规定，应处以罚款。

第七百八十七条　被指定的律师可以要求目击开启信件和其他密封的邮件。但如果无法推迟开启这些物品，这一规则就不适用。

上述第一款的规则也适用于辩护律师。

第七百八十八条　根据侵入通信秘密的结果，应参照本条第四款和第五款的规定，向有关这一措施的相关人发出通知。如果依据下述第二款被通知的人已经是案件的嫌疑人，也应通知，并应告知其涉嫌的犯罪。

应通知如下人员：

（一）进行电话窃听和获取电子信息的，应通知电话和电子信息的所有人；

（二）采取其他方式窃听的，应通知交谈的当事人和陈述发生场所的所有人；

（三）采取开启信件和信件扣留的，应通知邮件的发件人和收件人。

通知由依据本法第七百八十三条作出决定的基层法院发出。通知应尽快发出，除非警察在侦查措施期限届满后14天内，依据下述第四款提出了免予通知或延迟通知的请求。

如果存在不应发出通知的情况，或者上述第一款至第三款的通知不利于侦查，或不利于即将进行的对另一个犯罪案件的侦查，而依据法律那一犯罪案件可能存在需要使用侵入通信秘密的侦查措施，根据警察的要求，法院可以决定免予通知或者延迟一定期限通知。依据本法第七百八十四条第一款之规定，如果指定了律师，他应有机会在法院就免予发出或延迟发出通知陈述自己的意见。

依据本法第七百八十条第一款第四项的规定，以侵入通信秘密的方式获取的扩大范围的电子信息的结果，应通知电话的所有者。

第七百八十九条 在侵入通信秘密的过程中警察获取的有关犯罪的信息，如果不是在满足本法第七百八十一条第一款第三项或第七百八十一条第四项规定的情形下，并且可能在不具备采取这种侦查措施的根据的情况下取得的，警察可以将这些信息作为刑事犯罪案件侦查的资料使用。

在侵入通信秘密的过程中警察获取的有关犯罪的信息，如果不是在满足本法第七百八十一条第一款第三项或第七百八十一条第四项规定的情形下，并且可能在不具备采取这种侦查措施的根据的情况下取得的，警察不得将这些信息作为刑事案件的证据使用。

如果符合下列条件，法院可以决定不适用上述第二款之规定：

（一）其他侦查措施不适合案件证据的保全；

（二）依据法律侦查的犯罪可能被处以一年零六个月以上监禁；

（三）法院发现作为证据使用不会引起关注。

第七百九十条 为开启而扣留的邮件应尽快发送到邮件的目的地。如果警察想阻止邮件的发送，阻止的请求应在扣留后 48 小时内向法院提出。

第七百九十一条 如果对犯罪不进行起诉、或起诉后来被撤回，应销毁警察通过侦查措施获取的录音磁带、照片及其他信息复制品。当销毁这些信息复制品时，警察应通知依据本法第七百八十四条第一款指定的律师到场。

如果信息资料对侦查仍然重要，可以免予销毁或推迟一定期限后销毁。免予销毁或推迟销毁的请求应向法院提出，法院在作出是否销毁的决定前，应给予指定的律师发表意见的机会。上述第二句的规则不适用于在侦查违反《刑法》第十二章第一百一十一条至第一百一十五条、第一百一十八条规定的犯罪中获得的资料。

与电话窃听、信件开启相关，如果通过侵入通信秘密获取了依据本法第一百七十条的规定，排除以证人身份作证的人的资料，这些资料应立即予以销毁。但是，如果这些资料表明，资料相关人员构成犯罪而受到起诉，或者依据本法第七百三十条第三款、第七百三十六条之规定，应撤销辩护律师的工作，这一规则不适用。

除此之外，警察应销毁在侵入通信秘密过程中获取的、对侦查不重要的资料。

第七百九十一条之一 如果符合下列条件，警察可以通过眼睛或其他装置对在不能自由进出的场所的人进行拍照或监视：

（一）据推测，这种措施对侦查很重要；并且

（二）依据法律，犯罪可能被处以监禁以上刑罚。

仅在侦查所涉嫌的犯罪依据法律可能被处以一年零六个月以上监禁时，才能通过遥控装置、自动摄像机、自动照相机或其他相似的装置实施上述第一款提及的监视。

用遥控装置、自动摄像机、自动照相机或其他相似的装置对在住所或其他居住场所的人进行监视，或者用装置在住所或其他居住场所内进行监视，仅在符合下列条件时才能实施：

（一）有具体理由推测，通过这种方式可以获取案件证据；

（二）据推测，这种侦查措施对案件侦查至关重要；

（三）依据法律，侦查涉嫌的犯罪可以被处以6年以上监禁，或者是触犯《刑法》第十二章、第十三章规定的犯罪，或违反《刑法》第一百二十四条第二款、第一百二十五条、第一百二十七条第一款、第一百九十三条第一款、第二百二十八条、第二百三十五条、第二百六十六条、第二百八十一条，或违反《外侨法》第五十九条第五款之规定；

（四）侦查涉嫌的犯罪已经对生命、福利或社会重大价值造成了侵害，或具有这种损害的危险。

受害人对上述第一款至第三款涉及的、不能自由出入的场所进行监视，不受本条之规定的约束，只要受监视者书面同意监视。

出于对监视目的、案件的意义、监视可能对相关人员造成的不便考虑，如果采取监视措施不适当，则不得进行监视。

与上述第二款、第三款相关的案件，本法第七百八十二条第二款、第七百八十三条至第七百八十五条、第七百八十八条第一款、第二款第二项、第三款、第四款、第七百八十九条、第七百九十一条之规定同样适用。

第七百九十一条之二　在符合下列条件时，可以通过计算机程序或其他装置从一个信息系统复制不为公众知悉的资料（资料复制）：

（一）据具体理由推测，信息系统被嫌疑人用于实施或谋划下述第三项提及的犯罪；

（二）据推测，这种侦查措施对案件侦查至关重要；

（三）依据法律，侦查涉嫌的犯罪可以被处以6年以上监禁，或者是违反《刑法》第十二章、第十三章的规定，或违反《刑法》第二百八十九条的规定。

出于对资料复制目的、案件的意义、资料监制可能对相关人员造成的不便考虑，如果采取复制资料的措施不适当，则不得复制。

资料复制的决定由法院以法院令的形式作出。法院令应说明这一措施针对的信息系统。在其他方面，同样适用本法第七百八十三条第一款第三句、第四句、第二款、第三款的规定。

进行资料复制后的通知，依据本法第七百八十八条第一款、第三款和第四款的规定执行。通知应向信息系统的所有人发出。在其他方面，同样适用本法第七百八十二第二款、第七百八十四条、第七百八十五条、第七百八十九条、第七百九十一条的规定。

第七十二章　人身检查

第七百九十二条　作为侦查的一部分，依据本章的规定可以通过以下方式之一对被告和其他人的身体进行检查：

（一）检查身体外表、照相、留印迹、搜查衣服及身体其他外表的检查（检查身体）；

（二）更密切的身体检测，包括腔体检测、抽取唾液或血液样本或其他相应的样本、X射线扫描及其他相似的检测措施（身体检测）；

对被拘留的人的身体进行检查也应依据本法第七百五十八条第一款的规定进行。

第七百九十二条之一　符合下列条件，可以对被控告者进行身体检查：

（一）有合理的根据怀疑被控告者实施了应提起公诉的犯罪，并且

（二）据推测，这种措施对侦查很重要。

符合下列条件，可以对被控告者进行身体检测：

（一）有实质根据怀疑被控告者构成犯罪，且依据法律可能被处以一年零六个月以上的监禁；或者触犯《刑法》第二百四十九条第一部分规定的犯罪，并且

（二）据推测，这种措施对侦查至关重要。

第七百九十二条之二　不符合上述第七百九十二条之一第一款第二项和第二款提及的情形，但为便于后来识别身份，如果有合理的根据怀疑一个人实施了犯罪，且依据法律可能被处以一年零六个月以上的监禁，或触犯《刑法》第二百三十五条第二款规定的犯罪，可以对其采取留指纹、拍照以及抽取唾液和血液样本的侦查

措施。

不符合上述第七百九十二条之一第二款第一项的情形，但如果有实质根据怀疑一个人构成犯罪，且该罪涉嫌吸食酒精或毒品，也可以抽取血液样本。

第七百九十二条之三 对被控告者进行身体检查、对身体外表进行检测、抽取样本、抽取唾液或血液样本的决定由警察作出。

对被控告者的其他身体检测，由法院参照下述第五款以法院令的形式作出决定。法院令应说明已经符合进行身体检测的条件的具体理由。法院令可以随时更改。

如果等到取得法院令，上述侦查措施的目的将会丧失，警察可以决定实施这些侦查措施。在这种情况下，警察应尽快，且要从实施这种措施开始 24 小时内向法院报送案情。法院应以法院令的形式决定是否批准这些侦查措施。但在采取这些措施后，如果被控告者以书面形式同意，则不适用这一规定。

在法院依据上述第二款或第三款第二句作出决定前，这些侦查措施所针对的人应有机会陈述意见。根据被控告者的要求，可以为其指定一名公共辩护律师。指定的辩护律师应对被控告者提供建议。

如果被控告者以书面形式同意采取这些侦查措施，上述第二款提及的侦查措施的决定也可以由警察作出。如果为被控告者指定了辩护律师，还应取得辩护律师的同意。

第七百九十二条之四 如果没有受到控告的人同意接受检查身体的侦查措施，则采取检查身体的侦查措施不受本章的约束。同意应尽可能以书面形式作出。除此之外，对没有受到控告的人采取检查身体的侦查措施，只能依据下述第二款和第四款的规定执行。

不要求脱衣服的身体检查，包括照相、留印迹、搜身及其他相似的身体检查，仅在符合下列条件的情况下才能实施：

（一）依据法律，侦查的犯罪可能被处以一年零六个月以上的监禁，并且

（二）据推测，这种侦查措施对侦查至关重要。

法院应以法院令的形式依据上述第二款作出决定。本法第七百

九十二条之三第二款第二句和第三句、第三款、第四款第一句同样适用。除使用直接武力外，本法第一百七十八条规定的强制措施可以用于完成身体检查。

在侦查直接使用严重暴力或威胁直接使用暴力的犯罪中，以及在有实质根据怀疑某人藏有武器的侦查过程中，警察可以对在侦查场所的所有人的衣服进行检查，以便寻找武器。

第七百九十二条之五 出于对采取检查身体的侦查措施目的、案件的意义以及可能对相关人员造成的不便考虑，如果采取检查身体的侦查措施不适当，则不得实施检查身体的侦查措施。

在条件允许的情况下，检查身体的侦查措施应尽可能宽容地执行。因而，被认为是有损公共礼仪的侦查措施应尽可能地由同性别的人或从事卫生健康的专业人员进行。如果要求脱衣检查，应尽可能只允许与被检查者同性别的人或从事卫生健康的专业人员在场。

上述第七百九十二条第一款第二项规定的检查，只可能由医生进行。从检查可能造成的痛苦和风险以及被检查者的身体状况考虑，医生应决定这些侦查措施从医学上判断是否可行。上述第七百九十二条之二第一款规定的抽取唾液样本，可以在没有医生参与的情况下进行。

第七百九十二条之六 警察不得为后来识别的目的保留没有受到控告的人或被免除处罚的人以及受到撤诉处理的人的照片。

如果侦查所针对的人没有被起诉，警察不得保留通过检查其身体而取得的其他资料和信息。

如果依据上述第七百九十二条之三第三款第二句法院没有批准某种侦查措施，或者依据本法第七百四十六条第一款法院发现某种侦查措施不适当，通过该侦查措施取得的信息和资料应立即予以销毁。

第七十三章　搜　　查

第七百九十三条 依据本章的规定，警察可以搜查以下场所或物品：

（一）住所或其他居住场所、文件及相似的物品、被锁的物品中的内容；

（二）居住场所以外的其他场所和物品。

搜查警察可以自由出入的场所，不受本章的约束。

对被拘留的人进行搜查，或者对为执行刑罚或执行替代监禁刑（因违反缴纳罚金的义务）而受羁押的人进行搜查，也可以依据本法第七百五十九条和第七百六十一条的规定实施。至于检查一个人的身体或搜查一个人穿着的衣服，适用本法第七十二章的规定。检查信件、电报和类似的邮寄品，适用本法第七十一章的规定。

第七百九十四条　符合下列条件，可以搜查犯罪嫌疑人的住所和其他场所：

（一）有合理的根据怀疑犯罪嫌疑人实施了应提起公诉的犯罪；

（二）据推测，搜查对案件侦查很重要。

关于上述第七百九十三条第一款第一句提及的各种搜查，要么依据法律，相关的犯罪可能被处以监禁，要么有具体理由推测，通过搜查可以发现案件的证据，或捕获犯罪对象。

在搜查犯罪嫌疑人的过程中，如果发现了依据本法第一百七十条免予以证人身份作证的人的书面信息或相似的物品，搜查就此停止。在搜查过程中，如果发现资料包含的信息出自依据本法第一百七十二条之规定可以免予以证人身份作证的人，适用同样的规定。

第七百九十五条　搜查没有受到怀疑的人的住所、其他场所和物品，如果被搜查者书面同意搜查，或与被举报人或被拘留人直接相关的人同意搜查，不受本章的约束。除此之外，搜查没有受到怀疑的人的物品和场所，仅在符合下列条件的情况下才能实施：

（一）依据法律，侦查的犯罪可能被处以监禁，并且

（二）有具体理由推测，通过搜查可以发现案件证据，或捕获犯罪对象。

至于依据本法第一百七十条之规定免予以证人身份作证的人的物品、犯罪嫌疑人与免予作证的人之间的书面及类似信息、便条不

受搜查。至于本法第一百七十二条包含的人，如果他们的资料包含免予以证人作证的信息，不受搜查。

第七百九十六条 搜查本法第七百九十三条第一款第二项提及的、属于犯罪嫌疑人的场所和物品，由警察作出决定。

其他情况下的搜查，由法院参照下述第五款、第六款作出决定。法院令应说明搜查的条件已经符合的具体理由。法院令可以随时更改。

如果等待取得法院令后再搜查，搜查的目的可能丧失，警察可以直接决定进行搜查。如果被搜查的住所、场所或物品的所有人提出了要求，警察应尽快，并在24小时内将案情提交法院，法院应以法院令的形式决定是否批准搜查。

在法院依据上述第三款第二句作出决定以前，应给予被搜查的住所、场所、物品的所有人进行陈述的机会。本法第七百四十八条第五款、第六款同样适用。

如果针对犯罪嫌疑人的住所、场所、物品进行搜查，并且犯罪嫌疑人同意，搜查的决定也可以由警察作出。

如果住所、场所、物品的所有人不是犯罪嫌疑人，并且不可能立即与财产所有人取得联系，与犯罪的检测和报告相关，对犯罪现场的搜查，也可以由警察作出决定，不受上述第二款的约束。在那种情况下，搜查的决定应尽快通知财产所有人。

第七百九十七条 如果从搜查的目的、案件的重要性、搜查可能引起的不便考虑，搜查措施不适当，则不应进行搜查。

在依据上述第一款作出搜查决定时，也应考虑搜查是否会损坏或损毁物品。

第七百九十八条 在条件允许的情况下，搜查应尽可能宽容地执行，包括尽可能地不造成毁坏或破坏，在适当的时间和以适当的方式进行，尽可能地不引起不必要的注意。

如果住所、场所或物品的所有人不在场，但遇到其他人员，应告知遇到的人员将进行搜查，并鼓励他们对搜查作证。如果是根据法院令进行搜查，根据要求应出示法院令。如果根据本法第七百九十六条第三款进行搜查，警察应建议搜查所针对的人向法院提出自己的要求。住所、场所或物品的所有人可以要求他选择另外的人目击搜查，除非与搜查的根据或侦查理由冲突。如果由于搜查本身所需，包括为搜查设置障碍，在搜查时警察可以要求遇到的人离开。

当依据本法第七百九十三条第一款第一项进行搜查时，没有遇到任何人，应尽可能地通知两个室友或其他人员见证搜查。在本法第七百九十三条第一款第一项规定的搜查结束后，应通知住所、场所、物品的所有人；如果依据本法第一百九十六条第三款搜查，还应通知所有人可以向法院提出请求。警察可以将书面通知留在搜查的地点。

第七百九十九条　如果不让犯罪嫌疑人或他人知道对案件侦查至关重要，且侦查涉嫌的犯罪是触犯《刑法》第一百十八条、第一百八十三条第一款和第二款、第一百八十三条之一、第一百八十六条第一款、第一百八十七条第一款、第一百九十一条、第一百九十二条之一或第二百三十七条规定的犯罪，法院可以以法院令的形式作出决定，不受上述第七百九十八条第二款第一句至第四句和第三款的约束。但是，这不适用于对依据本法第一百七十条和第一百七十二条免予以证人身份作证的人所有的住所、其他场所或物品的搜查。

本法第七百八十三条第二款和第三款、第七百八十四条、第七百八十五条和第七百八十八条的规定适用于上述第一款第一句规定的情形。

法院可以决定，在依据本法第七百八十三条第二款规定的期限内再次进行搜查。法院应规定搜查的次数。如果有特殊理由，法院可以决定，可以进行不确定具体次数的搜查。

第八百条　在搜查过程中，如果警察获得的有关犯罪的信息，不是在分别符合上述第七百九十四条第一款第一项和第二款、第七百九十五条第一款第一句、第七百九十九条第一款规定的条件下形成的，警察可以将那些信息作为相关犯罪侦查的资料来利用，但不得在法庭上将其作为犯罪的证据。

符合下列情形，法院可以决定上述第一款不适用于警察执行上述第七百九十九条第一款规定的搜查获得的信息：

（一）其他侦查措施不适合获取案件证据：

（二）依据法律，侦查的犯罪可能被处以6年以上监禁；

（三）法院发现，这样不会引起关注。

第七十四章　扣押和交出

第八百零一条　依据本章的规定，基于下列理由之一，可以进行扣押：

（一）为获取证据；

（二）为收取国家要求收取的费用、没收和罚金；

（三）为实现受害人恢复原状或补偿的请求；

（四）当被告已经逃避追诉。

警察扣留的无主物品，或没有人宣称享有权利的物品，不受本章规定的约束。

至于交出信件、电报、邮件以及与双方交流的电话信件，适用本法第七十一章的规定。至于在拘留时扣留被拘留者的物品和金钱，也适用本法第七百五十八条第一款的规定。

第八百零二条　符合下列条件，可扣押犯罪嫌疑人持有的物品：

（一）有合理的根据怀疑犯罪嫌疑人实施了由应提起公诉的犯罪；

（二）有理由相信，物品可以作为案件的证据，或者参照下述第二款应予以没收，或者盗窃他人的物品，物品所有人要求返还。

如果符合下列条件，可以扣押犯罪嫌疑人所有的财产：

（一）有合理的根据怀疑他实施了应提起公诉的犯罪；

（二）扣押是实现国家要求偿还费用、《刑法》第七十五条第一款第一句第二部分、第七十五条第一款第二句和第三款、第七十六条之一第五款、第七十七条之一第二句要求的没收、要求缴纳罚金、被害人要求补偿所必要的。

符合下列条件，可以扣押犯罪嫌疑人的全部或部分财产，包括犯罪嫌疑人未来将要取得的财产：

（一）针对犯罪嫌疑人的诉讼已经被提出，依据法律所涉嫌的犯罪可能被处以一年零六个月以上的监禁；

（二）被告已潜逃以逃避随后的诉讼。

不得从犯罪嫌疑人那里扣押依据本法第一百七十条排除以证人身份作证的人的书面信息或类似的物品。同样的规定适用于依据本法第一百七十二条免予以证人身份作证的人的资料。

第八百零三条 作为侦查由国家公诉的犯罪的一部分，如果有理由推测，物品可以作为案件的证据、应该被没收、是盗窃他人的物品，他人要求返还，可以扣押不是犯罪嫌疑人的物品。非犯罪嫌疑人持有的其他资产，包括金钱，作为对应提起公诉的犯罪进行侦查的一部分，如果有理由推测这些资产应予以没收，就可以扣押。本法第一百八十九条同样适用。

本法第一百七十条规定的排除以证人身份作证的人持有的、表明与犯罪嫌疑人相关的书面信息，以及由这种人书写的、与犯罪嫌疑人相关的便条和类似物品，不应扣押。本法第一百七十二条规定的人持有的资料，如果资料包含的信息来自依据本法第一百七十二条免予以证人身份作证的人，则不应扣押。

第八百零四条 作为对应提起公诉的犯罪进行侦查的一部分，可以命令犯罪嫌疑人以外的人出示或交出物品（交出），只要有理由推测该物品可能成为案件证据、应予以没收、是盗窃他人的物品而他人要求返还。

如果遵从交出令，物品已经交给警察，上述第八百零三条第一款规定的扣押同样适用。

如果由于上述第一款提及的理由，物品在没有交出令的情况下已交给了警察，那么适用本法第八百零七条第五款的规定。如果持有人要求返还，警察不同意返还请求，警察应尽快且在 24 小时内将案件提交法院，并请求扣押。在这种情况下，适用本法第八百零六条第三款第二句和第五款第一句的规定。

如果信息来自依据本法第一百六十九条至第一百七十二条关于

排除或免予以证人身份作证的人，就不应发出交出的命令。

司法部长可以发布在特殊案件中，与执行交出令相关的费用的补偿规定。

第八百零五条 从案件的重要性、扣押和交出措施可能导致的损失和不便考虑，如果这些措施不适当，则不得发出扣押和交出的命令。

如果采用侵犯程度较轻的强制措施，包括提供抵押，可以实现扣押和交出令的目的，就可以与强制措施相对人签订书面的抵押协议。

关于为保证补偿费用，《刑法》第七十五条第一款第一句第二部分、第二句和第三款，第七十六条之一第五款，第七十七条之一第二句规定的没收、罚金的缴纳、被害人要求补偿的实现而进行的扣押，本法第五百零九条至第五百一十六条的规定同样适用。

第八百零六条 根据警察的请求，法院可以作出扣押和交出的命令。为保证受害补偿的实现，被害人也可以提出扣押的请求。

参照下述第七款的规定，法院应以法院令的形式作出决定。法院令应说明强制措施的条件已经符合的具体理由。法院令可以随时更改。

如果等到取得法院令后再采取强制措施，扣押或交出令的目的可能丧失，参照下述第四款的规定，警察可以直接决定采取扣押或交出的强制措施。根据强制措施相对人的要求，警察应尽快且在24小时内将案情提交法院，法院应以法院令的形式决定是否批准该种强制措施。

本法第八百零二条第三款规定的扣押仅在取得法院令的情况下才能进行。同样的规则适用于扣押印刷品或《多媒体责任法》规定的声像作品。

在法院依据上述第三款第二句作出决定前，强制措施的相对人应有机会发表自己的意见。本法第七百四十八条第五款和第六款同样适用。

在法院依据上述第八百零四条作出交出的决定前，物品的持有人应有机会发表意见。本法第七百四十八条第五款和第六款同样适用。如果法院交出令是应国际请求作出的，上述第一句的规定不适用。

如果扣押的相对人书面同意扣押，扣押的决定可以由警察作出。

第八百零七条 扣押由警察执行。如果警察执行法院的扣押令，根据要求，应向扣押相对人出示扣押令。如果是依据上述第八百零六条第三款执行扣押，警察应建议扣押相对人向法院提出自己的请求。

警察通过与交出令的相对人接触，以确保法院交出令得到遵守。根据要求，应向交出令的相对人出示法院令。如果没有有效的可宽恕理由，交出令的相对人拒绝遵守交出令的要求，本法第一百七十八条的规定同样适用。

如果扣押的资料出自本法第一百七十二条包括的人，他们可以要求由法院首先检查这些资料。上述第八百零六条第五款第一句的规定同样适用于法院检查。经法院检查后，警察才能扣押这些资料。

如果法院依据本法第八百零二条第三款发出扣押犯罪嫌疑人的部分或全部财产，警察应指定一个监护人管理被扣押的财产。警察应根据《登记法》第四十八条对依法院令扣押的财产进行登记。被告依本法第一百五十九条的规定执行法院令。

由于扣押或交出而由警察监护的物品，应尽快记录并做标记。根据要求，警察应出具收据。

第八百零七条之一 任何人遇到正在实施犯罪的人或与犯罪直接相关的人，与警察一样享有本法第八百零六条第三款规定的权力进行扣押。扣押的物品应尽快交给警察，并将扣押的根据和时间一并告诉警察。警察应根据上述第八百零六条第三款第二句将案情提交给法院，除非被扣押物品在24小时内返还给了扣押措施的相对人，或扣押相对人依上述第八百零六条第七款书面同意扣押。

第八百零七条之二 物品依本法第八百零二条第一款和第八百

零三条第一款第一句的规定被扣押后，物品所有人不得违背扣押的目的，以合同或偿还债务的方式处置扣押物。

直到依据上述第八百零七条之二第二款和第三款作出决定前，本法第八百零二条第二款和第八百零三条第一款第二句规定的扣押与第五十六章规定的拘留有同样的法律效果。

依据本法第八百零二条第三款对财产进行扣押后，被告无权处置扣押的财产。在法院的扣押令发出以前针对被告的债权才可以要求从扣押物中偿还。

第八百零七条之三 直到案件作出裁决后，利害关系人才能向法院提出部分或全部撤销扣押的请求。在对扣押物有利害关系的人陈述理由后，法院以法院令的形式作出裁决。

第八百零七条之四 当法院对案件作出最终裁决、或案件被撤销、免予起诉处理，本法第八百零二条第一款和第八百零三条第一款第一句的扣押的效力终止，除非扣押物被没收。如果就扣押物返还给谁发生争议，由法院决定被扣押物应返还给谁。法院应以法院令的形式作出裁决。

依据本法第八百零二条第二款和第八百零三条第一款第二句扣押的财产，以及依据上述八百零五条第二款提交的抵押物，首先用于赔偿受害人的损失，然后用于弥补国家支出的费用，再用于实现《刑法》第七十五条第一款第一句第二部分和第二句、第七十五条第三款、第七十六条之一第五款、第七十七条之一第二句规定的没收，最后用于缴纳罚款。在例外的情况下，法院可以就被扣押物的处理顺序作出不同的决定。

根据要求，关于将扣押财产用于满足上述第二款提及的请求，法院应以法院令的形式作出裁决。同样的规定适用于随后由于对法院令的解释产生的争议。法院令具有依据本法第五百二十六条第二款处理扣押财物一样的法律效力。如果案件以撤销案件或免除处罚的形式结案，扣押的效力终止。

在刑事诉讼过程中，如果法院拒绝依据本法第九百九十一条第四款、第九百九十二条第一款满足被害人赔偿的请求，假如被害人在4周内依据民事诉讼程序采取了措施，或依据《刑事受害人国家补偿法》提出了补偿申请，为保证赔偿请求的实现，法院可以就此决定，直到赔偿问题作出最终裁决以前扣押一直有效。如果随后赔偿问题被确定，根据要求，法院可以在刑事判决中决定，赔偿部分或全部从扣押财物中支付，包括优先于弥补国家费用、实现没收和罚金满足补偿请求。依据刑事诉讼程序规则作出的法院令，具有与依据本法第五百二十六条第二款处理扣押财物一样的法律效力。

当被告不再逃避追诉时，依据本法第八百零二条第三款进行的扣押应该终止，除非有具体理由推测被告将再次逃避追诉。法院应以法院令的形式作出终止扣押的决定。

第七十五章　个人历史情况的调查

第八百零八条　当被控告者的个人历史资料对法院确定刑事制裁，或适用刑罚以外的其他法律后果有意义时，应获取这些历史资料。

当对被控告者可能适用以下制裁措施之一时，应进一步调查被控告者的个人情况，尤其是他以前和当前在家庭、学校、工作中的情况以及身体和精神状况：

（一）《刑法》第七章或第八章规定的缓刑；

（二）除接受罚金和支付受害赔偿以外，有条件地免予起诉；

（三）替代刑罚的法律后果。

司法部长应制定有关在何种情况下，应执行上述第二款提及的各种调查的规定。

第八百零九条　当发现精神鉴定对案件处理有意义时，对被告应进行精神鉴定。如果被告没有明确同意进行精神鉴定，那么仅在取得法院令的情况下才能进行精神鉴定。如果被告受到羁押，没有取得法院令，不得进行精神鉴定。

如果认为必须送被告到医院进行精神疾病检查、到一个机构或另一适当的机构进行严重的精神缺陷鉴定，法院可以以法院令的形式就此作出裁决。

第八百一十条 如果被告不同意通过与其家庭或其他个人接触的方式了解他的个人情况，仅在法院发现这些情况对案件判决有意义，并以法院令的形式就此作出裁决的情况下，才能进行调查。

第八百一十一条 司法部长应进一步制定有关调查个人历史情况的实施规则。

经与社会事务部长和健康部长慎重协商，司法部长可以发布有关允许依据本法第八百零九条第二款在医院进行精神病检查的人请假的规定。司法部长可以规定，就这一问题的裁决不得上诉到上一级行政机关。

第七十五章之一 其他侦查措施

第八百一十二条 仅在符合下列条件时，犯罪嫌疑人的照片才能出示给警察以外的人看：

（一）有合理的根据怀疑犯罪嫌疑人实施了由国家公诉的犯罪；

（二）这种措施对案件侦查重要。

出示照片的决定由警察作出。

第八百一十三条 依据本法第八百一十四条或第八百一十五条的规定，才能将犯罪嫌疑人以外的人的照片出示给警察以外的人看。

第八百一十四条 仅在符合下列条件时，才可以出示以书面形式表示不同意出示其照片的受害人或证人的照片：

（一）依据法律，侦查涉嫌的犯罪可能被处以一年零六个月以上监禁；

（二）据推测，这种措施对侦查至关重要。

出示受害人或证人的照片的决定应由法院以法院令的形式作出。法院令应说明出示照片的条件已经满足的具体理由。法院令可以随时更改。

如果等到取得法院令，这种侦查措施的目的可能无法实现，警察可以直接决定出示受害人或证人的照片。如果这种措施的相对人就这一问题提出了请求，警察应尽快并在24小时内将案情提交法院。法院应以法院令的形式决定是否批准这种措施。

法院在依据上述第二款或第三款作出裁决前，侦查措施的相对人应有机会陈述自己的意见。

第八百一十五条 出示警察依据本法第七百九十二条之六为后来识别的目的保存的照片，除上述第八百一十二条和第八百一十四条包含的情况以外，仅在侦查的犯罪依据法律可能被处以一年零六个月以上监禁，且照片上的人符合下列情形之一，才能实施：

（一）在最近5年之内实施了一个犯罪行为，且依据法律这种犯罪行为可能被处以一年零六个月以上监禁：

（二）在最近10年之内实施了一个犯罪行为，且依据法律这种犯罪行为可能被处以6年以上监禁。

出示这种照片由警察作出决定。

第八百一十六条 从照片出示的目的、案件的重要性、出示照片可能给相关人员造成的不便考虑，如果采取出示照片的措施不适当，就不得实施上述第八百一十二条至第八百一十五条提及的出示照片的侦查措施。

司法部长应制定有关出示照片的程序规则。

第八百一十七条 仅在符合下列条件下，才可以向警察以外的人显露犯罪嫌疑人（直接面对）：

（一）有合理的根据怀疑他实施了由国家公诉的犯罪；

（二）据推测，这种措施对侦查具有重要意义。

但是，仅在有合理的根据怀疑被控告者实施了犯罪行为，且依据法律可能被处以一年零六个月以上的监禁，才能在被告与对方证人对质过程中向警察以外的人显露被控告者。

除上述第一款、第二款规定的情形以外，仅在被显露者同意的情况下才能以直接面对的方式显露犯罪嫌疑人或在被告与对方证人对质过程中显露被控告者。同意应尽可能地采用书面的形式。

从这些措施的目的、犯罪的严重程度、这些措施可能给相关人员造成的不便和冒犯考虑，如果以直接面对的方式显露犯罪嫌疑人或在被告与对方证人对质中显露被控告者是不适当的，则不得采取这些措施。

上述第一款至第三款关于显露犯罪嫌疑人或显露被控告者的决定，由警察作出。

司法部长应进一步制定有关被告与对方证人对质进行显露的程序规则。

第八百一十八条　仅在符合下列条件的情况下，警察才可以公布适合于确定推定的犯罪人的描述和其他信息：

（一）有合理的根据怀疑他实施了由国家公诉的犯罪；

（二）据推测，公布对案件侦查至关重要，包括确定被公布者的身份，或预防其进一步犯罪。

如果有实质根据怀疑推定的犯罪人实施了犯罪，且依据法律可能处一年零六个月以上监禁，才可以公布推定的犯罪人的照片。

但是，如果从公布推定的犯罪人的信息和照片的目的、案件的重要性、这些措施可能给相关人员造成的不便和冒犯考虑，上述第一款和第二款提及的公布是不适当的，则不得实施这些措施。

由警察作出上述第一款和第二款提及的公布信息或照片的决定。

第八百一十九条　如果有特别确信的理由怀疑，警察已经知道其身份的人实施了犯罪行为，且依据法律该犯罪行为可能被处以一年零六个月以上的监禁，警察可以通过新闻、收音机、电视或其他公共搜查方式进行通缉，只要认为这种措施对完成刑事追诉或预防其进一步实施相似的严重的犯罪行为是至关重要的。

与上述第一款提及的通缉相关，可以发布有关被通缉者实施的罪行、被控告者的身份的信息，包括姓名、职业、住所。被控告者的照片也可以公布。

如果从通缉的目的、案件的重要性以及这种措施可能给相关人员造成的不便或冒犯考虑，采取通缉的方式不适当，则不得进行通缉。

通缉的决定由警察作出。

第八百二十条至第八百二十一条 （废止）。

第七十五章之二 （省略）

第三部分至第九部分　（省略）

第 十 部 分

第九十三章之一　（省略）

第九十三章之二　对警察人员的申诉的审核

第一千零一十九条　对警察在执行职务过程中的行为的申诉（行为申诉），由区域公诉人审核。

如有要求，警察国家委员会委员可以帮助区域公诉人调查。

如果警察依自己的职权决定执行紧急的调查措施，当采取这种措施后，警察应尽快通知相关的区域公诉人。

第一千零一十九条之一　申诉应向区域公诉人提出。关于警察在处理刑事案件过程中滥用权力的申诉也可以以口头形式，在法院处理刑事案件过程中记录到诉讼记录中。

如果申诉在事件发生6个月以后提出，区域公诉人可以驳回申诉。

第一千零一十九条之二　申诉的相对人（答辩人）应陈述案件的事实情况，并应有机会就陈述进行答辩。答辩人没有义务对申诉人的陈述进行答辩。

第一千零一十九条之三　答辩人有权委托代理人应答申诉。《公务员法》第二十三条之规定同样适用于补偿答辩人因委托代理人而发生的费用。

第一千零一十九条之四　如果陈述可能导致答辩人受到刑事处

罚或纪律处分，答辩人就没有义务向区域公诉人做相关的陈述。

区域公诉人应向答辩人提示上述第一款，以及本法第一千零一十九条之二、第一千零一十九条之三、第一千零一十九条之五第一款第二项的规定。这种提示应尽快作出，至少应在第一次向答辩人提问前作出。在公诉人的报告中应显示答辩者已受到这种适当的指导。

第一千零一十九条之五　如果依据本法第一千零一十九条之六在法院作出陈述，法院应为申诉人和答辩人指定一名律师。

在其他情况中，如果实际情况允许指定律师，且申诉人或答辩人有要求，法院可以为他们指定律师。区域公诉人应提示相关人员，他们有权要求指定律师，并确保这种要求向法院提出。关于这些，本法第一千零一十九条之六第二款的规定同样适用。这种提示应尽快作出，并应至少在第一次向相关人员提问前作出。公诉人的报告中应显示，相关人员已受到这种适当指导。

相关人员不应承担因指定律师而发生的费用。

区域公诉人应将在调查中获取的资料的复印件寄送给指定律师。未经区域公诉人同意，指定律师不得将收到的资料透露给他/她的当事人或其他人。

在向指定律师的当事人提问时，无论是在区域公诉人的办公室还是在法院，指定律师有权出席，并有权进一步向他/她的当事人提问题。

第一千零一十九条之六　区域公诉人可以决定在法院进行陈述。

如果是就警察在处理刑事案件过程中滥用权力，或执行刑罚过程中滥用权力而提出的申诉，在审理、已经审理或可能将要审理相关案件的基层法院进行陈述。其他情形，应向对申诉案件发生地有管辖权的基层法院进行陈述。

第一千零一十九条之七　在案件审理过程中，区域公诉人参加庭审。

应尽可能通知答辩人法庭审理的计划，并告知其有机会进行陈述。

如果陈述可能使答辩人招致刑事处罚或纪律处分，答辩人就没有义务作出这种陈述。法院应就此提示答辩人。

案件依照刑事程序处理，不需要陪审员参加。

第一千零一十九条之八 对区域公诉人就警察行为申诉作出的裁决不服，可以上诉到公诉机关负责人，由公诉机关负责人复审。公诉机关负责人就申诉作出的裁决不得向司法部长上诉。

对行为申诉决定不服的上诉期限是4周，自当事人收到申诉裁决后开始起算。在上诉期满后提起上诉，如果有必须宽恕的理由，应进行复审。

上述第一款和第二款的规定同样适用于就查阅文件的权利作出的裁决。

第一千零一十九条之九 如果出现下列情形之一，对警察行为申诉案的审核中止：

（一）有根据对答辩人提出指控；

（二）怀疑答辩人构成刑事犯罪，并需要作为刑事案件处理，或者

（三）区域公诉人作出决定，案件应依《侦查犯罪法》的规定进行侦查。

上述第一款第一项和第二项的情况，刑事案件由区域公诉人依据本法第九十三章之三的规定处理。如果答辩人最终没有被提起诉讼，或者最终没有被定罪，对警察行为申诉的审核重新开始。

第一千零一十九条之十 当对警察行为申诉案的审理启动后，区域公诉人应通知相关的警察局长和警察国家委员会委员。区域公诉人也应将对警察行为申诉的裁决通知相关的警察局长和警察国家委员会委员。

直到警察行为申诉案审核结束后，才能启动纪律处分调查。

上述第二款的规定并不排除依据公共服务的一般规定，暂时中止相关警察的职务，或暂时调离相关警察从事其他工作。

第一千零一十九条之十一 区域公诉人可以依职权按照本章的规定进行调查。

第一千零一十九条之十二 司法部长可以进一步规定有关对警

察行为申诉的审核规则。

第一千零一十九条之十三 如果从国家安全或相关外国国家的角度考虑，司法部长可以决定某个案件不依本章的规定进行调查。

第九十三章之三 警务人员的刑事案件

第一千零二十条 有关警务人员在执行职务过程中实施的刑事犯罪的报告，由相关区域公诉人提出。

第一千零二十条之一 基于合理的推测，警务人员在执行职务过程中实施了由国家公诉的犯罪，区域公诉人可以根据报案或依自己的职权启动调查。

当由于警察的干预或在警察的拘留下，一个人死亡或遭受了严重的身体伤害，区域公诉人也可以启动调查。在这方面，上述第一千零一十九条之十的规定同样适用。

第一千零二十条之二 在上述第一千零二十条和第一千零二十条之一规定的调查中，区域公诉人可以行使法律授予给警察的权力。

如果需要，警察国家委员会委员可以对区域公诉人的调查提供帮助。

警察依职权采取紧急侦查措施时，在紧急侦查措施实施后应尽快通知相关的区域公诉人。

第一千零二十条之三 上述第一千零二十条和第一千零二十条之一提及的国家公诉由区域公诉人提出，依据本法或依据本法发布的规定由公诉机关的负责人或司法部长提起公诉的除外。撤回公诉的权力属于公诉机关。

区域公诉人就上述第一千零二十条和第一千零二十条之一提及的案件向基层法院、海事和商事法院及高等法院提起公诉。

第一千零二十条之四 当实际情况需要指定辩护律师，或遵照本法第六十六章的规定，法院可以为被告指定辩护律师。

第一千零二十条之五 如果申诉者要求，且实际情况需要，或者遵照本法第六十六章之一的规定，法院可以为申诉者指定律师。

当申诉者已经死亡，如果申诉者的近亲属要求，且实际情况需要，法院可以为申诉者的近亲属指定律师。

为申诉者或其近亲属指定的律师可以获得本法第七百四十一条之三第二款第二句提及的资料，不管该案的诉讼是否已经被提出。

在其他方面，同样适用本法第六十六章之一的规定。

第一千零二十条之六　公诉机关的负责人可以决定，涉及好几个法院或好几个被告的刑事案件合并为一个整体由区域公诉人依据本章的规定处理，只要其中一个法院或一个被告要求这样处理。

第一千零二十条之七　在其他方面，同样适用本法关于处理刑事案件的规定。

第一千零二十条之八　司法部长还可以发布有关上述第一千零二十条和第一千零二十条之一提及的案件的诉讼程序的规定。

第一千零二十条之九　如果从国家安全或相关的外国考虑，依据本章的规定处理某个案件不适当，司法部长可以决定不依本章之规定处理。

第九十三章之四　警察申诉委员会

第一千零二十一条　警察申诉委员会由一名律师和两名非法律专业人员组成，其中律师担任主席。这些人员都由司法部长委任，任期4年，从委任当年的一月一日开始起算，可以连任一次。

警察申诉委员会的成员可以在其任期届满后继续审理未决的案件，只要从适当利用委员会的资源，以及期待该案在较短的时间内作出裁决的角度考虑，这种处理是必要的。

警察申诉委员会中的律师由“律师和法律协会总理事会”提名委任，该总理事会为每一次委任要提名4人，其中2名男性2名女性。

警察申诉委员会中的非法律专业委员由市政国家委员会提名委任，该委员会在警察申诉委员会所在地的居民中为每一个警察申诉委员会提名8人，其中4名女性，4名男性。

警察申诉委员会中的非法律专业委员同时也可以是市政委员

会、国会的区域委员会的成员。其他方面同样适用本法第七十条的规定。

警察申诉委员会中的律师应在该委员会所在地执业，非法律专业委员应在该委员会所在地有住所。

如果一个人在上述第一款第一句规定的任期内会达到70岁，则不得委任为委员。

司法部长委任的每一个委员，依据委任两种委员的同样规则，在上述第三款和第四款提名的成员中替换。

司法部长还可发布有关警察申诉委员会的数量、案件在申诉委员会之间分配以及委员提名的规定，包括有关从非市政国家委员会中提名、警察申诉委员会委员的补偿的规定。

第一千零二十一条之一 区域公诉人应将依据本法第九十三章之二或九十三章之三规定的申诉和报告直接通知警察申诉委员会。

当警察申诉委员会认为，应依据本法第九十三章之二的规定进行调查，或应依据本法第九十三章之三的规定进行侦查时，警察申诉委员会可以将自己的观点通知区域公诉人。

第一千零二十一条之二 区域公诉人应及时将其依据本法第九十三章之二侦查取得的资料、依据本法第九十三章之三进行侦查获得的资料复制寄送给警察申诉委员会。未经区域公诉人同意，警察申诉委员会不得将收到的资料透露给他人。

不仅如此，区域公诉人还应将为调查和侦查而采取的所有重要裁决通知警察申诉委员会。

第一千零二十一条之三 警察申诉委员会可以要求区域公诉人进行某种额外的调查或侦查。

如果依据本法第九十三章之三处理的案件的被告或区域公诉人，反对警察申诉委员会有关采取额外侦查措施，应提交法院决定。关于这一问题，本法第六百九十四条第二款的规定同样适用。如果有请求，法院应以法院令的形式作出裁决。

第一千零二十一条之四 区域公诉人应就依据本法第九十三章之二进行调查或第九十三章之三进行侦查的结果，向警察申诉委员会准备一份报告。该报告应包含调查或侦查的简要过程，对案件裁决重要的事实情况和取得的重要证据的评价。该报告应包括区域公诉人建议案件应如何处理。

第一千零二十一条之五 警察申诉委员会可以通知区域公诉人，依据本法第九十三章之二或第九十三章之三处理的案件应如何处理的建议。

案件的裁决中应表明，公诉人与警察申诉委员会的意见是否一致。

案件的裁决应送达申诉的提出者或举报的提出者。

第一千零二十一条之六 警察申诉委员会可以将区域公诉人的裁决上诉到公诉机关的负责人。公诉机关负责人对申诉的裁决不得上诉到司法部长。

依据上述第一款提出上诉的期限是4周，自警察申诉委员会收到区域公诉人的裁决之后开始计算。超过这一期限提出上诉，如果有合理的理由，上诉应予以审理。

第一千零二十一条之七 司法部长可以进一步发布有关警察申诉委员会的功能的规定，包括区域公诉人与警察申诉委员会的协调。

第一千零二十一条之八 公诉机关的负责人应就依据本法第九十三章之二和第九十三章之三处理的案件，每年向国会和司法部长提交一份年度报告。该报告应予以公布。

译 后 记

赴丹麦哥本哈根大学研修之际，恩师齐文远教授特别向我介绍了他在哥本哈根大学法学院研修期间（1993—1994 年）结识的老朋友，丹麦刑法学界著名学者，哥本哈根大学法学院前院长汪·格雷沃（Vagn Greve）教授，并叮嘱我到丹麦后一定要找机会拜访他。不过，当我到达哥本哈根大学时，格雷沃教授已经退休了。经朋友多方打听，好不容易找到他的联系方式。我鼓起勇气冒昧地给他发了一封邮件，表达了敬仰之情与拜访之意。可惜当时他到德国去了，没能如愿。尽管如此，他还是特地托他的妻子安妮卡（Annika）将他参与编著的两本书和他已发表的几篇文章送给我，其中一本就是这本书的原著。由于有关丹麦刑事法律的英文著作很少，那些资料对我这个不懂丹麦语的人而言如同珍宝，于是废寝忘食地仔细研读起来。通过研习发现，丹麦刑事法律有不少特色和成功经验。于是我蒙生了将这本书译成中文的念头。经过几个月的辛劳，终于完成了最新版的《丹麦刑事法典》（第三版）的翻译。在一个朋友的聚会上，我意外地遇到了格雷沃教授，便迫不急待地向他谈了翻译并出版中文版的《丹麦刑事法典》（第三版）的想法。他非常支持我的想法，并称愿意帮我解决著作权的问题。在本书出版之前，他践行自己的承诺，积极与丹麦 DJØF 出版社协商，使 DJØF 出版社能免费许可武汉大学出版社出版这个译本。

这个译本的顺利出版，要特别感谢丹麦大龙基金会（S. C. Van Fonden）。大龙基金会是由“中国春卷大王”范岁久博士创立的。范岁久 1925 年赴丹麦留学，先后获得硕士和博士学位。自 1957 年开始，他开始在丹麦从事春卷生意，并于 1963 年研制出了第一台春卷机。伴着事业的辉煌及年岁的渐长，范岁久博士将更多的精力投向慈善事业。1982 年，他创立了“大龙基金会”，专门资助在丹麦的中国留学生及中国与丹麦相关的文化教育事业。在近三十年里，大龙基金会资助了无数的中国留学生。我的恩师齐文远教授以及我本人在丹麦研修期间就得到了该基金会的资助。这本书的翻译和出版，大龙基金会慷慨解囊，使其能够顺利面世。范岁久博士是中国留学生的骄傲，更是我敬仰的对象，他的成功与仁慈激励着我不断前行。

这个译本的顺利出版，还要感谢曾给予我无私帮助和支持的老师、朋友和亲人。丹麦哥本哈根大学的弗莱明（Flemming Balvig）教授和卡蒂娜（Katrina Gillman）女士，是他们无微不致的帮助与关心，才使我在丹麦度过了举目无亲的日子。武汉大学出版社的钱静编辑，她为本书进行了艰辛的编辑工作。

此外，为力求准确传达原文的意思，本人除认真阅读本书的原文外，还仔细研习了拉格斯德（Langsted）等人所著的《丹麦刑法学》，迷惑之处还多次请教了卡蒂娜（Katrina Gillman）女士和琳达（Lida）博士。在本书出版之前，我的导师齐文远教授还进行了字斟句酌的审校。尽管如此，想必错漏之处仍在所难免。如读者发现翻译错误或笔误之处，敬请告知，本人将不胜感激。

魏汉涛

辛卯年春于南湖